Theodor Scheufele

TAO, LOGOS, WORT UND GRAL

PRIVATEDITION
DER BRUNNEN
2006

Theodor Scheufele

TAO, LOGOS, WORT UND GRAL

Aufsätze zu mystischem Denken und Handeln

PRIVATEDITION
DER BRUNNEN
2006

井

ISBN 3-9502152-0-4
ISBN 978-3-9502152-0-5

Herausgegeben von Günther Vagner
Arabellagasse 8/25, 1230 Wien
Tel.: & Fax.: 0043 1 889 77 49
E-Mail: guenther.vagner@gmx

INHALT

VORWORT

Die hier gesammelten Aufsätze handeln von verschiedenen schriftlich überlieferten Annäherungen an mystische Erfahrung. Jede Annäherung bedingt eine andere Art des Ausdrucks. Die Skala reicht von der innig-schlichten Lyrik Laotses und der witzigen Gleichnisrede Dschuangdses, von den praxisorientierten Anweisungen des Yoga oder Zen über die geballte Aphoristik Heraklits zu der begeisterten Predigt Meister Eckharts und der mythischen Epik Wolfram von Eschenbachs. All diesen Sprach- und Weisheitsmeistern ist gemeinsam, dass sie ihre Weisheit durch Erkenntnis der Grenzen ihres Wissens bewiesen haben. Der Leser wird von ihnen bis an den Rand des Geheimnisses herangeführt, indem etwas zugleich ausgesprochen und verheimlicht wird. Dergestalt bereiten sie den Leser für die wesentliche Erfahrung vor, um die es ihnen geht. Sprache ist diesen Autoren Weisung zum Sinn, nicht dessen Ort selbst. Ziel mystischen Sagens ist das Schweigen. Dort kann die Wahrnehmung des Sinnes geschehen, um dann als Wahrheit im Sagen anzuklingen.

An der Grenze zum Schweigen wächst der Sprache wieder erkennende und schöpferische Macht des LOGOS zu. Sprache wird zum Zeugnis. Sinn und Wahrheit alter Weisheitstexte sind also in deren äußerer Gestalt allein kaum zu finden. Nur wem die äußere Sprachgestalt zum Verstehen nicht genügen will, gelangt zum Sprachsinn. Durch das Verständnis der Sprachgestalt hindurch führt der Weg ins existentielle Erfassen des Gemeinten hinein. Dies mag gelingen, wenn eine Verbindung hergestellt werden kann zwischen der Bewußtseinsschicht, aus der heraus die alten Texte entstanden sind, und den entsprechenden Bewußtseinsschichten des heutigen Lesers. Eine überzeitliche Begegnung zwischen Autor und Leser kann so im Bereich zeitloser Gegenwärtigkeit stattfinden, jenseits der vermittelnden Sprache. Objektives Verstehen und subjektives Erfassen ergänzen einander dann; Sinnerfahrung und Selbsterfahrung verlaufen parallel. Ratio und Intuition müssen auf spirituellem Gebiet keine Gegensätze sein. Sie fördern einander. Ähnlich ist das Verhältnis von philosophischem Denken und

Meditation. Der zweite und der dritte Aufsatz dieser Sammlung versuchen solchen Zusammenhang an einigen Beispielen aufzuzeigen. Ich trete dabei der oft gehörten Meinung entgegen, Meditation sei „abgeschaltetes Denken“, Spiritualität hätte mit denkerischer Disziplin nichts zu tun, östliche und westliche Körpererfahrungsmethoden schlössen einander grundsätzlich aus. Die verschiedenen Seelenkräfte Denken und Fühlen, Wahrnehmen und Empfinden, Wollen und Geschehenlassen sind vielmehr aufgehoben in dem sie vereinenden TAO. Was unter diesem Begriff zu verstehen sei, der das westliche Denken in den letzten Jahrzehnten entscheidend beeinflußt hat, ist Thema des ersten Aufsatzes. Das Werk Laotses und Dschuangdses, der beiden so verschiedenen und doch einander ergänzenden „Väter des Taoismus", bildet den Ausgangspunkt der Betrachtung.

Mystische Erfahrung ist eine Erfahrung, die überall, zu allen Zeiten auf der Erde zu finden war und ist. Die Formen östlicher und westlicher Erfahrung befinden sich dabei in fruchtbarer Polarität zueinander. Der östlichen Tradition werden im letzten Teil als Beispiele mittelalterlich-westlicher Tradition Meister Eckharts Denken und die im Gral symbolisierte Erfahrung gegenübergestellt. Vermittelnd zwischen Ost und West steht die frühgriechische Philosophie. Heraklits Konzeption des LOGOS ist von der östlichen Tradition des TAO her ebenso zu erfassen wie vom späteren mystischen Denken des Abendlandes her. Der umfangreiche zweite Teil über die Fragmente Heraklits nimmt deshalb eine Schlüsselfunktion innerhalb der Sammlung ein.

Die Aufsätze spiegeln den Prozess meiner Auseinandersetzung mit wesentlichen Weisheitstraditionen. Wie manch einer aus der sogenannten Achtundsechziger Generation suchte ich zu einem einseitig materialistischen Weltbild und einer rationalistisch verengten Dialektik erweiternde Ergänzungen. Den Absturz in irrationale New-Age-Esoterik, wie ihn etwa Umberto Eco für die Achtundsechziger Generation in seinem Roman „Das Foucaultsche Pendel“ 1988 satirisch dargestellt hat, versuchte ich dadurch zu vermeiden, dass ich mich mit Gestalten der Mystik befaßte, welche sich auf dem schmalen Gemeinschaftsgrund von Philosophie und Esoterik bewegt haben. Bereits von Anfang an verband ich Versuche auf diesem Gebiet mit praktischen Meditations- und Körperübungen. Auch strebte ich nach Austausch und Mitteilung: als Vorträge, Seminarbeiträge, Zeitschriftenartikel, Kassetten sind einige der hier gesammelten Aufsätze zuerst vor die Öffentlichkeit gebracht worden. Beim Überarbeiten habe ich die Beiträge zum Teil erweitert. Thematische Überschneidungen und damit verbundene Wiederholungen sind nicht gestrichen worden; sie deuten auf

die innere Einheit der Themen. Der Leser wird in den verschiedenen Aufsätzen wechselnde Ausgangspositionen und unterschiedliche Argumentationsebenen entdecken. Auch sprachlich-stilistische Differenzen sind nicht zu übersehen.

Ob aus dem Abstand von zwanzig Jahren, die seit der Niederschrift des ersten Aufsatzes vergangen sind, die einzelnen Themen nicht in neuem Licht erscheinen, mag man fragen. Sicherlich. Vieles ist inzwischen durchdachter und einfacher geworden. Es könnte heute kürzer und leichter, ohne Vermittlung durch die alten Traditionen, zum Ausdruck gebracht werden. Doch meine ich, es liegt die Eigenart der gesammelten Aufsätze gerade darin, dass sie den Stellenwert zeigen, der nicht nur in meiner eigenen, sondern in fast jeder geistigen Entwicklung dem „Lernen von den Meistern" zukommt.

Wien, im Sommer 1999

ERSTER TEIL: TAO

Vielleicht verbirgt sich im Wort „Weg“, TAO, das Geheimnis aller Geheimnisse des denkenden Sagens, falls wir diese Namen in ihr Ungesprochenes zurückkehren lassen und dies Lassen vermögen. Vielleicht stammt auch noch und gerade die rätselhafte Gewalt der heutigen Herrschaft der Methode daher, dass die Methoden, unbeschadet ihrer Leistungskraft, doch nur die Abwässer sind eines großen verborgenen Stromes, des alles be-wegenden, allem seine Bahn reißenden Weges. Alles ist Weg.

Martin Heidegger

TAOISMUS BEI LAOTSE UND DSCHUANGDSE[1]

TAO und die Sprache

Manchmal werde ich gefragt, ob ich ein "Taoist" sei. Ich verneine das eher. Auch spreche ich ungern von "Taoismus". Warum? Weil das, was damit gemeint ist und was der sogenannte Taoist in seinem Leben realisieren (wahrnehmen ebenso wie verwirklichen) möchte, jenseits von Ismen west. Es ist in keiner philosophischen Theorie festzumachen und nicht als Religion zu bekennen; ebensowenig kann es als wissenschaftliche Methode benützt werden oder kann man in seinem Zeichen eine politische Organisation gründen.

Zwar hat es mit Philosophie, Religion, Wissenschaft und Politik zu tun, indem es diese neu zu motivieren vermag. Dennoch geschieht die Realisierung des TAO immer von persönlich einmaliger Erfahrungsbasis her. Dabei wird das Überpersönlich-Gemeinsame aller Existenz, auf welches die individuelle Erfahrung gerichtet ist, konkret erlebt. Als solches je neu stattfindendes Erlebnis kann das Gemeinsame nie als etwas Festes erfahren werden. Deshalb ist es auch nicht ein für allemal zu erfassen oder zu beschreiben. Einheit der Existenz erschließt sich nur der Erkenntnis, dass allem gemeinsam der Wandel ist, der Fluß. TAO, die bewegte Einheit, läßt immer neue Gegenwart ereignen, das Immer und Überall der Ewigkeit: jetzt, hier, ich...

Man merkt bereits, dass, wer über Taoismus reden will, bald an den Rand des Schweigens gelangt, auf mystisches Gebiet. Dort kann das wesentliche Was, um das es geht, das TAO, erst evident werden. Die Einheit widerstrebt der Sprache. Sprache ist nur durch Zerlegung der einheitlich bewegten Welt in verschiedene starre Begriffe möglich; durch Abgrenzung des Unbegrenzt-Grenzenlosen. Darüber heißt es im TAO-TE-KING des Laotse:

Am Beginn von Himmel und Erde
gab es keine Wörter. . .
Erst als die Dinge sich lösten
vom gemeinsamen Wurzelgrund,
bedurfte es der Wörter
zur Unterscheidung.
(Laotse, 10) [2]

Beschreiben kann man das Mannigfaltige, Verschiedene, Abgetrennte. Namen für die Ursprungs-Einheit bleiben Namen, die von der Wirklichkeit des Einheitserlebnisses nichts vermitteln können: "Suche aber nichts Besonderes herauszuheben: da ist kein Ding, das sich versagte. Solcher Art ist das vollkommene TAO. Und solcher Art ist auch das urbildliche Wort. Ganzheit, Vollständigkeit, Allheit, das sind die Namen, die verschieden klingen und doch das gleiche meinen. Ihr Sinn ist das Eine." (Dschuangdse, B72)

Wo bei Laotse oder Dschuangdse, den "Vätern des Taoismus" das TAO umschrieben wird, geschieht es wie bei allem mystischen Sagen in den Formen der Negation und des Paradoxon. TAO ist raumlos, tonlos, unsichtbar, ungreifbar, unvorstellbar, unerforschlich, unendlich - und ist doch die allernächste Wirklichkeit; es ist zugleich hell und dunkel, voll und leer, tot und lebendig, gegenwärtig und ewig; es ist "gestaltlose Form, zeichenloses Bild" (Laotse, 3). "Versuche mit mir das Schloß Nirgendwo zu erreichen, und da inmitten der Einheit der Dinge, führe dein Gespräch ins Unendliche. Versuche mit mir Nichttun zu üben... Da wird mein Geist abgelöst. Er wandert nicht, und ist doch des Ruhens unbewußt. Rückwärts, vorwärts, alles Zieles unbewußt, auf und nieder im Schrankenlosen..." (Dschuangdse, B 72)

Laotse und Dschuangdse sprechen nicht aus dem vergeblichen Bemühen heraus, durch Sprache unmittelbar etwas vom Wesen ihres Erlebens wiedergeben zu können. Vielmehr wollen sie innerhalb des Bereiches der Sprache, den sie als einen Bereich menschlicher Verständigung anerkennen, bis zu den Grenzen der Sprache führen. Von dort aus kann das Bewußtsein des Hörers oder Lesers dann sich in vorsprachlicher, übersprachlicher Weise zur gemeinten Erlebnismitte hin entfalten. Und auch wieder zurück wollen sie führen, von den Grenzen des sprachlos-zeitlosen Zustandes unmittelbarer, überpersönlicher Gegenwart in die auf Sprache gegründete, geschichtlich-gesellschaftlich vermittelte Wirklichkeit des Einzelmenschen hinein. Hinüberzugehen und wiederzukehren" (Hölderlin) - in solch doppelter Richtung, von der Alltagswirklichkeit zur Mitte mystischen Erlebens und wieder zurück zur neu erfahrenen

Alltagswirklichkeit weisen die Aussagen von Laotse und Dschuangdse. Die esoterische Strecke des Weges findet dabei ebenso Beachtung wie die Beziehung des TAO zum Leben eines jeden Menschen und zum Zusammenleben aller Menschen. Diese drei Punkte werde ich im Zusammenhang mit einigen taoistischen Grundbegriffen und Zentralthemen der Werke Laotses und Dschuangdses genauer behandeln. Zuvor soll einiges über Laotse und Dschuangdse selbst gesagt werden, sowie über den geschichtlichen und philosophischen Hintergrund, vor dem sie zu sehen sind.

Bei allem Gesagten bleibt der Vorbehalt, dass über Taoismus zu sprechen nur paradox möglich ist: etwas sprachlich nicht Auszudrückendes wird Thema sprachlicher Darlegung. Bei Dschuangdse finden sich die Sätze: "Was die Worte wertvoll macht, sind die Gedanken. Es gibt etwas, wonach die Gedanken sich richten; das aber, wonach die Gedanken sich richten, läßt sich nicht durch Worte überliefern." (Dschuangdse, W 15 1)

Laotse und Dschuangdse

Kaum weisen die Schriften von Laotse und Dschuangdse auf ihre Verfasser. Das zwanzigste Kapitel des TAO-TE-KING, worin am ehesten ein lyrisches Ich sich ausspricht, vermittelt von Laotse das Bild eines schwermütigen Einzelgängers, der am Treiben der meisten seiner Zeitgenossen wenig Gefallen findet. Ihre Lebensziele bedeuten ihm nichts; ihr Streben ist ihm fremd. In Treue zu seinem Ursprung hat er sich als ewiges Kind dem Strom kosmischen Geschehens anvertraut und preist die "nährende Mutter" Natur. Im übrigen Text tritt der Verfasser ganz zurück hinter das, was er weisend sagt. Gerade deshalb ist er als "Meister" in allem so gegenwärtig. Ein Zeichen taoistischer Meisterschaft ist nämlich Bescheidenheit der Person, Zurücktreten des Wirkenden hinter das Werk, Durchsichtigwerden der zeitlichen Ich-Hülle für das darin enthaltene wesentliche Selbst. Vom rechten Meister heißt es bei Laotse:

Zeigt sich nicht, man sieht ihn;
erklärt sich nicht, man versteht ihn.
(Laotse, 23)

Das paßt gut zu dem legendären Laotse, wörtlich: dem "alten Meister", der um 500 v. Chr. im südlichen China gelebt haben soll. Ich meine, er mag als Urheber des TAO-TE-KING (Buch vom TAO und vom TE) gelten, auch wenn erwiesen ist, dass der uns bekannte Text erst 300 v. Chr. zum ersten Mal niedergeschrieben wurde und dass sich darin vieles aus der chinesischen Weisheitstradition vor Laotse und manche Ergänzungen aus späterer Zeit niedergeschlagen haben. Das individuelle Realisieren des TAO, die Wahrnehmung des wesentlichen Selbst, öffnet den Zugang zur überindividuellen Identität des "alten Meisters". Wie das TAO ist er in seiner archetypischen Substanz an jedem Ort, zu jeder Zeit derselbe.

Der Überlieferung nach war Laotse ein Archivar am Hof der Dschou-Könige. Bei beginnendem Alter soll er der städtischen Zivilisation und dem Buchwissen den Rücken zugekehrt haben, um in den Bergen jenseits der Grenze ein einfaches, naturverbundenes Leben zu führen. In der "Legende von der Entstehung des Buches TAO-TE-KING" hat Bertolt Brecht liebevoll die chinesische Überlieferung nacherzählt: beim Verlassen des Landes sei Laotse vom Grenzwächter aufgefordert worden, seine Weisheit niederzuschreiben; in sieben Tagen sei so das TAO-TE-KING entstanden. Schlicht, wie uns die Person des Laotse in der Überlieferung entgegentritt, ist sein Werk. Die einundachtzig Kapitel des TAO-TE-KING umfassen im Chinesischen nicht mehr als 5280 Wörter; der Wortschatz beschränkt sich auf 800 verschiedene Begriffe.[3] In umgekehrtem Verhältnis zu Kürze und Einfachheit der Form stehen Tiefe des Gehalts und Stärke der Wirkung. Auch darin hält sich Laotse an seinen Grundsatz:

> *Weise reden nicht viel;*
> *Redende wissen nicht viel.*
> *Wahre Worte klingen nicht hochtrabend;*
> *hochtrabende Worte sind nicht wahr.*
> *(Laotse, 26)*

Von Dschuangdses Leben (365 - 290 v. Chr.) wissen wir ebenfalls wenig; auch er tritt als Person hinter der wesentlichen Erfahrung, die sein Werk umschreibt, zurück. Eine Quelle bezeichnet ihn als kleinen Beamten; wahrscheinlich war er Aufseher eines Gartens. Es ist überliefert, dass er umfassend gebildet war und doch Zeit seines Lebens am Rande der Armut existierte: er lehnte nämlich alle Angebote für ein höheres Amt ab, um frei seiner inneren Bestimmung, der Bahn des TAO, zu folgen. Dies ist ihm wohl gelungen, wie ein Bericht über sein Sterben vermuten läßt. Er verbot Trauerfeierlichkeiten nach seinem Tod mit den Worten: "Himmel und Erde sind mein Sarg, Sonne und Mond leuchten mir als Totenlampen, die Sterne sind meine Perlen und Edelsteine, und die ganze Schöpfung gibt mir das Trauergeleite. So habe ich doch ein prächtiges Begräbnis. Was wollt ihr da noch hinzufügen?" (Dschuangdse,W294).

Als Lehrer ist Dschuangdse einer von den vielen taoistischen Meistern, deren Lehre auf dem Werk Laotses beruht. In den ihm zugeschriebenen Schriften, gesammelt unter dem auf seinen Heimatort sich beziehenden Titel NAN-HUA-CHEN-CHING (Das wahre Buch vom südlichen Blütenland), tritt Laotse als beispielhafter Meister immer wieder auf. Ausführlich wird auch aus dem TAO-TE-KING zitiert. Im Unterschied zum lyrischen Ernst der schlichten Spruchdichtung Laotses herrscht bei Dschuangdse die polemische Rede, der dialektische Dialog und das überraschende Gleichnis vor. Gründlich setzt er sich mit den anderen philosophischen Lehrmeinungen seiner Zeit auseinander und grenzt seinen Taoismus davon ab. Vieles, was sich später aus der Begegnung von Taoismus und Buddhismus als chinesischer Zen entwickelt hat - wie ihn etwa das BI-YÄN-LU (Niederschrift von der smaragdenen Felswand) überliefert – ist bei Dschuangdse schon zu spüren.

So ist er weit mehr als bloß ein Schüler und Popularisierer Laotses. Er bereicherte und ergänzte die Lehre vom TAO temperamentmäßig um den Pol des Witzigen, Bunten, Lebensvollen. Ernst-ruhig der eine, heiter-bewegt der andere: so kann man in Laotse und Dschuangdse zwei Seiten des archetypischen "alten Meisters" sehen. Beide umschreiben in ihrem Werk dasselbe unbeschreibbare TAO. Von dort stammt die Hilfe, die sie gegen Wirrnis und Not ihrer Zeit aufbieten.

Geschichtlicher und philosophischer Hintergrund des Taoismus

Seit dem Ende des sechsten vorchristlichen Jahrhunderts hatten sich in China tiefgreifende Wandlungen auf allen Lebensgebieten vollzogen. Die Feudalherrschaft der Dschou-Könige verfügte über keine ordnende Kraft mehr. Verschiedene Fürstentümer kämpften in erbitterten Kriegen, die der Bevölkerung unablässig Not schufen, um die Hegemonie im Reich. Schließlich bahnte sich unter der Führung des Staates Chin um 200 v. Chr. die Entwicklung zum absoluten Kaiserstaat an, mit bürokratischer Beamtenverwaltung und totaler Bewaffnung. Auf wirtschaftlichem Gebiet begann in jener Übergangszeit, als Laotse und Dschuangdse lebten, die Auswertung von Bodenschätzen wie Eisen und Salz. Manufakturen entstanden, die Landwirtschaft erweiterte sich durch Bewässerungsanlagen; ausgedehnter Handels- und Geldverkehr verdrängte die naturalwirtschaftlichen Verhältnisse früherer Zeiten. Es bildeten sich neue soziale Schichten heraus; auf jahrhundertealter Gewohnheit beruhende Stammes- und Familienbeziehungen wurden brüchig.

Im Bewußtseinsbereich zeigte sich die Zeitwende am Fragwürdigwerden des magisch-mythischen Weltbildes, das bis dahin in China bestimmend gewesen war. Geistige Richtungslosigkeit und moralischer Wertzerfall waren die Folge. Daraus ist zu verstehen, dass überall im Lande philosophische Gruppen laut wurden, um Antwort auf die Fragen der Zeit zu geben. Man spricht von den "hundert Schulen", die damals den Weg zum rechten Leben weisen wollten. Die Spannweite der Lösungsversuche reichte von der sich auf Gewalt und strenge Gesetzgebung verlassende Staatslehre der "Legalisten" bis zur Verherrlichung bedingungsloser Passivität bei den "Quietisten". Am wichtigsten für die weitere Entwicklung Chinas und auch für uns heute wurde neben der taoistischen Schule die Schule des Kungfutse.

Kungfutse gilt als Gegenspieler Laotses. Seine große Bedeutung bestand darin, dass er - das magisch-mythische Weitbild erweiternd - Vernunft und Sittlichkeit als richtungsgebende Kräfte für privates und öffentliches Leben erkannt hat. Er schuf ein System genau festgelegter Pflichten für moralisches Zusammenleben, das später zur offiziellen Staatsideologie - und was im alten China ja untrennbar davon war - zur Staatsreligion der meisten Kaiserdynastien wurde. "Konfuzius gibt das Maß, das leicht zu halten ist, Laotse das Einfache, das am schwersten getan wird."[4] So umreißt Ernst Bloch knapp den Unterschied zwischen den beiden Meistern. Der Gegensatz, in dem sie zueinander stehen, wird freilich oft übermäßig betont. Sie gehen zwar von verschiedenen Wirklichkeitsebenen aus - Laotse vom Bereich des natürlich Gewachsenen, der mütterlichen Geborgenheit, Kungfutse vom Bereich des gesellschaftlich Hervorgebrachten, der patriarchalischen Ordnung. Aber deshalb stehen ihre Bestrebungen auch in einem Ergänzungsverhältnis. Dschuangdse, der sich vielfach mit den Schülern des Kungfutse und ihrer zur Doktrin gewordenen Lehre auseinandersetzt, zeigt Kungfutse bei fiktiven Begegnungen mit Laotse und anderen taoistischen Meistern diesen zwar an Weisheit nicht gewachsen; er zeigt ihn aber doch von der taoistischen Lehre beeinflußt. Nicht selten vertritt Kungfutse bei Dschuangdse taoistische Anschauungen im Gespräch mit seinen Schülern. Manchmal scheint es, als könnten in der lebendigen Realisierung des TAO Laotse und Kungfutse sich treffen;

wenn intuitives und methodisches Wissen im spontanen Vollzug zu einer Naivität höherer Art geworden sind.

TAO und TE

Wie für die Taoisten ist für die Konfuzianer TAO ein Grundbegriff. Eine der wörtlichen Übersetzungen von TAO (chinesisch gesprochen "Dau") ist als Substantiv: Pfad, Weg, Straße, Bahn; als Verb: einen Weg entlanggehen, aber auch: be-wegen, führen, leiten, einen Weg bahnen, den Weg weisen. In magischen Zeiten mag TAO der Name des Gottes der Wege gewesen sein. Dem späteren rationalen Bewußtsein bedeutete TAO schließlich: Prinzip, Methode. Für Kungfutse ist TAO der Weg der guten alten Könige, jener mythischen Vorfahren, die regiert haben sollen, als die Welt noch in Ordnung war. TAO ist ihm das Prinzip der Sittlichkeit, die Methode des rechten Verhaltens, in Riten und Bräuchen überliefert, in kanonischen Büchern festgehalten. Methodisch kann seiner Ansicht nach das rechte Verhalten gelernt werden und durch Erziehung in alle staatlichen und familiären Beziehungen hineinwirken.

Viel umfassender ist die Bedeutung des TAO bei Laotse. Sie reicht weit über die Wirklichkeit des Menschen hinaus: TAO ist für ihn der Weg des Universums schlechthin, die kosmische Bahn des Weltgeschehens, der Urgrund alles Seienden, das wesentliche Sein - TAO ist ihm, wie ich einleitend schon angedeutet habe, eine Bezeichnung für die als Mitte des mystischen Erlebens sich offenbarende namenlose Einheit, für den Ursprung, der immer zugleich Gegenwart ist. Das TAO kann man nach Laotse nicht durch Bücher, nicht durch äußeres Lernen oder Nachahmen erfahren, sondern man kann nur durch innere Einfühlung an ihm teilhaben. Obwohl selbst umfassend gebildet, wenden Laotse und Dschuangdse sich gegen die äußerliche Gelehrsamkeit des Bücherwissens. Dieses gilt es zu einem unmittelbareren Wissen hin zu überschreiten. Dies unmittelbare Wissen freilich, ein Verlernen von Gelerntem, eine wissende Unwissenheit, steht in dialektischem Bezug zum überlieferten Wissen, das es in sich aufhebt. Die Taoisten verherrlichen nicht die Dummheit der Bildungsfeindlichkeit. Doch sind sie sich klar darüber, dass der bewußten Erkenntnis des Menschen Grenzen gesetzt sind, jenseits derer ein wesentlicheres Wissen beginnt. Deshalb kann menschliche Erkenntnis als höchste Aufgabe nur leisten, die Grenzen der Erkenntnis zu erkennen: "Wer mit seinem Erkennen haltmacht vor dem, was man nicht erkennen kann, der hat's erreicht." (Dschuangdse, W 245) Deshalb eben kann das Wesen des TAO nie mit Worten beschrieben, sondern immer nur neu umschrieben werden. Darin besteht die Aufgabe einer taoistischen Literatur.

In den Versuchen, das Wesen des TAO zu umschreiben, ebenso wie in den Hinweisen darauf, wie das TAO erlebt werden kann, scheint bei Laotse und Dschuangdse zunächst vieles aus älterer magisch-mythischer Überlieferung durch. So findet sich die Bedeutung von TAO als Ursprung in Form einer mythischen Kosmogonie:

> *Himmel und Erde:*
> *raumlos, Vor gestaltlos,*
> *unwandelbar, alles durchdringend,*
> *ich selbst nur enthaltend,*
> *um sich selbst nur kreisend...*
> *(Laotse, 2)*

TAO bringt Himmel und Erde hervor und durch beide hindurch zeugend–gebärend die gesamte Wirklichkeit. Die Kraft, durch welche TAO in dieser Weise wirkt, wird mit dem zweiten Hauptbegriff des TAO-TE-KING genannt: sie heißt TE.

Auch dieser Begriff umfaßt viele Bedeutungen. Er meint sowohl die wirkende Kraft des TAO, als auch dessen verwirklichten Zustand. Bezogen auf den Menschen bedeutet TE eine besondere Macht, eine durch Teilhabe ihres Trägers wirkende Mana-Kraft. Körperlich lokalisiert wird diese Kraft als CHI erfahren, jene mit dem Atem sich erneuernde Lebensenergie, die dem indischen Prana wie dem christlichen Pneuma verwandt ist. Auf der moralisch-mentalen Ebene bedeutet TE: Tugend, richtiges Verhalten. Man hat das lateinische "virtus" oder das althochdeutsche "tucht" zum Vergleich herangezogen; beide besitzen ebenfalls die Doppelbedeutung von Kraft und Tugend. Arthur Waley sieht sogar eine Ähnlichkeit mit dem Karma-Begriff[5]: in dem TE eines einzelnen Menschen verwirklicht sich sein persönliches TAO als Schicksal. Bei Laotse und Dschuangdse, glaube ich, trifft die Bedeutung des TE als allesdurchdringende, wachsenlassende Wirkkraft den gemeinten Sinn am nächsten, zumal das Schriftzeichen ursprünglich dem Pflanzenreich zugeordnet gewesen ist. Der Mensch, der TAO in sich wirken läßt, hat somit teil am TE, ist unmittelbar vom kosmischen Werdensstrom durchpulst. Je mehr er sich dem überpersönlichen Bereich öffnen kann, desto stärker wirkt die universelle Kraft durch ihn hindurch. Seine Macht besteht darin, dass er allem natürlich sich Entwickelnden um sich herum zum

Wirklichwerden verhilft. Er ist der Weise, dessen Macht eine helfend-schützende ist, ohne Anstrengung und Absicht, im Unterschied zur anderen Macht, die sich auf Gewalt und List gründet. Man könnte deshalb die Bedeutung des TE vielleicht auch mit "Liebe" umschreiben, sofern man sich darunter etwas ebenso Materielles wie Wilhelm Reichs Orgon und zugleich ebenso Spirituelles wie den platonischen Eros vorzustellen vermag.

YIN/YANG

TAO ist die Einheit. Die erste Zweiheit, in die TAO sich durch sein TE wirkend ausbreitet, besteht aus Himmel und Erde. Als die allgemeinsten Urkräfte der Wirklichkeit gefaßt, heißen Himmel und Erde YANG und YIN. Diese sind nicht, wie wir aus der dualistischen Denkgewohnheit des Westens leicht annehmen könnten, einander ausschließende und bekämpfende Gegensätze. Beide Kräfte stammen aus dem TAO, und einander ergänzend, in ständig wandelnder Vermischung geht aus ihrem Zusammenwirken die Vielfalt des Seienden hervor. Man kann die Beziehung von YIN und YANG in ihrer Polarität und zugleich ursprünglichen Verbundenheit im TAO mit wissenschaftlichen Feldtheorien unserer Zeit, besonders denen der modernen Physik, vergleichen; oder man kann wie die Tiefenpsychologie das Sowohl-als-auch als seelische Wirklichkeit entdecken. In beiden Fällen wird die Entweder-oder-Logik der traditionellen westlichen Wissenschaft erweitert. Hierin liegt ein Grund dafür, weshalb der Taoismus für ein zukünftiges, mehrdimensionales Weltbild richtungsweisend werden kann. Jean Gebser sagte über Laotse, dass er "noch, aber bereits mit wachem Bewußtsein, die Gültigkeit der Polarität aus der ihn selbst bestimmenden psychisch-mythischen Bewußtseinsstruktur heraus zu formulieren vermochte".[6] Das heißt: im Taoismus wurde die bis dahin unbewußt wirkende Polarität zu einem bewußten Faktor der menschlichen Existenz, ohne ihr Geheimnis zu verlieren. Darin erkannten viele westlichen Menschen unseres Jahrhunderts etwas Eigenes, ein überzeitlich wirkendes Wahres. So wurden seit den zwanziger Jahren für den Westen die taoistischen Schriften fast gleich bedeutungsvoll wie die antiken Schriften für die Renaissance.

Eine der heute wieder besonders intensiv studierten chinesischen Schriften ist das älteste Weisheitsbuch Chinas, das tief in die magische Zeit zurückreichende I-GING

(Buch der Wandlungen), in das später dann sowohl konfuzianische wie taoistische Erfahrungen eingeflossen sind. Im I-GING wird durch folgerichtige Kombination der zwei Urkräfte YIN und YANG innerhalb von sechs verschiedenen Beziehungsverhältnissen wie in einem Computer die Entfaltung des TAO über die Zweiheit bis zu 64 genau erfaßten existentiellen Grundsituationen durchgeführt. Anders als ein Computer ist das I-GING jedoch über die mathematisch-rationale Struktur hinaus von den Kräften der Phantasie durchorganisiert. Es ist geprägt von einer unserer wissenschaftlichen Haltung fremden Verbindung rationaler und intuitiver Vernunft. Auch die Pole Ratio und Intuition können also als Spielarten des YIN-YANG-Verhältnisses in ihrer Bezogenheit auf das TAO begriffen und als lebendiges Denken realisiert werden. Wissenschaft und Meditation sind für den Taoisten keine Widersprüche.

Erde und Himmel, Frau und Mann, Dunkel und Hell, Intuition und Ratio, Ausatmen und Einatmen, Tod und Leben - sie alle sind TAO. Die schon erwähnte Paradoxie zeigt sich in der Polarität von YIN und YANG von anderem Blickwinkel aus. Um die Grundvoraussetzungen der taoistischen Lebenslehre zu verstehen, muss man diese Polarität vor Augen haben. Die Taoisten fordern nämlich, damit man im Einklang mit TAO zu leben vermag, die Vermeidung extremer Einseitigkeit. Jeder Pol braucht den anderen zur Bestreitung der Ganzheit; deshalb darf keiner sich verabsolutieren. Das Dunkle soll man genauso in sich sehen wie das Helle, die Frau sogut in sich erkennen wie den Mann, meint Laotse. Er weist damit auf die Wahrnehmung von Schatten und Anima hin, die C.G. Jung als Individuationsprozeß beschrieben hat. Das TAO entspricht in diesem Zusammenhang dem Selbst bei Jung.

Wo eine einseitige Entwicklung bereits stattgefunden hat, also eine Entwicklung, die nicht im Einklang mit TAO steht, da muss die Einheit und Ganzheit des TAO durch Ausgleich wiederhergestellt werden.[7] Weil nun ähnlich wie in unserer Zeit im alten China die YANG-Kräfte der gewaltsamen Stärke, des geschäftigen Planens und verändernden Eingreifens ins natürlich Gewordene eine gefährliche Übermacht zeigten, deshalb heben Laotse und Dschuangdse die ausgleichenden Kräfte des YIN besonders hervor: Nachgeben, Weichsein, Wachsenlassen. Pflanze und Kind sind Beispiele gewaltlosen Geschehenlassens - und immer wieder das Wasser, das "von allen Dingen das nachgiebigste, das härteste aller Dinge, Stein, besiegt" (Laotse, 8). Die Betonung der YIN-Kräfte heißt jedoch nicht, dass TAO mit YIN gleichzusetzen sei.

Es geht immer um die ausgleichende Wirkung des YIN als Vorbedingung für die Wahrnehmung der Ganzheit des TAO.

WU-WEI: Ewigkeit, Meditation

TAO enthält alles, was irgend möglich ist. Was es je aus sich zu immer neu verwandelter Wirklichkeit entfaltet, kann deshalb nie das ganze TAO sein. Die gewordene Wirklichkeit eines bestimmten Augenblicks ist nur eine der unzähligen Möglichkeiten des TAO. TAO ist auch das, was nicht ist. Dieser Gedanke gewinnt weitreichende praktische Bedeutung für die Taoisten. Neben dem Seienden schließen sie auch das Nichtseiende, neben dem Aktiven auch das Passive in ihr Bewußtsein mit ein:

> *Geknetet und gedreht,*
> *formt Ton den Krug.*
> *Wo er nicht ist,*
> *ist der Krug brauchbar.*
> *Laotse, 8)*

Die Bezogenheit von Seiendem und Nichtseiendem aufeinander ist der Grund, warum von den Taoisten die Zustände des Nicht-Tuns, des WU-WEI, gepriesen werden: Nicht-Geschäftigsein, Nicht-Planen, Nicht-Angreifen, Nicht-Reden, Nicht-Herrschen, Nicht-Besitzen. Wieder darf dies keinesfalls einseitig verstanden werden. TAO ist das Ganze, sowohl Tun wie Nicht-Tun. Beide sind Zustände des TAO. Aber in Zeiten, da menschlicher Eigenwille dem natürlichen Welt-Verlauf gegenüber ein Übergewicht gewinnt, und damit die Realisierung des kosmischen TAO gefährdet, ist Nicht-Tun die Pflicht des für die Welt mitverantwortlichen Menschen. So wird bei Dschuangdse von einem taoistischen Meister berichtet, der durch reines Nicht-Tun die Wirkkraft des TAO durch sich fließen lasse und so der Natur zum Gedeihen verhelfe: "Dieses Wesen sei vollkommen untätig. Dennoch halte es die Fäulnis von allen Dingen ab und mache die Saaten gedeihen." (Dschuangdse, B 9). Dem modernen Ohr klingt das sagenhaft; und doch - auch wir kennen Untersuchungen, die nachgewiesen haben, wie die seelische Einstellung der Menschen das Wachstum von Pflanzen beeinflußt! Das Nicht, welches im WU-WEI gemeint ist, bedeutet also kein verneinendes Nichts. Es ist statisch gesehen die andere, notwendig ihm zugehörige Seite des Seienden, dynamisch gesehen aber dessen Nicht-Mehr und Noch-Nicht. In diese Zusammenhänge weiß sich das taoistische Tun des Nicht-Tuns verwoben. Die Ruhe und Stille, die nötig sind, damit das, was von sich aus werden will, wachsen kann, bringt der Taoist durch sein Verhalten den Menschen und anderen belebten wie unbelebten Wesen entgegen. Darin begreift er den "Nutzen seiner Nutzlosigkeit" (Dschuangdse, B 24). Die dem TAO entsprechende Bewegungsart verwirklicht sich für den Taoisten in der Sanftheit wachsender Pflanzen, in der Beständigkeit des dahinfließenden Wassers, in der Folgerichtigkeit, mit der beim Gehen ein Fuß vor den anderen gesetzt wird, in der Bedachtsamkeit menschlicher Kulturtätigkeit:

Alles Große in der Welt
ist aus Kleinem entstanden,
alles Schwierige in der Welt
war einmal leicht...
Der gewaltigste Baum war ein Keim,
der höchste Turm ein Häufchen Lehm.
Hier unter deinem Fuß
beginnen die Meilen deiner Reise.
(Laotse, 12)

Auch der Ursprungsvorgang, durch den Himmel und Erde und alle Dinge entstanden sind, ist kein einmaliger, gewaltsamer Vorgang, sondern geschieht - weil TAO jenseits der Zeit ist - als ewiges Wachsen immer neu:

Der Mensch wurzelt in der Erde,
die Erde im Himmel,
der Himmel im TAO,
TAO nur in sich selbst.
(Laotse, 2)

Und eben deshalb ist TAO nicht nur der ewig gegenwärtige Ursprung alles Seienden, es ist zugleich dessen ewig gegenwärtiges Ziel. Laotse nennt TAO:

groß
denn alles entstand aus ihm;
fern,
denn alles kehrt zu ihm zurück.
(Laotse, 2)

Diesem Kreislauf, in dem alles Seiende unablässig von TAO weg und wieder zu TAO hin bewegt wird, sich ganz zu überlassen, ihn immer neu nachzuvollziehen, darin sieht der Taoist seine Aufgabe als Mensch. Dadurch kann er sich in Bezug zur Einheit des allumfassenden Seins setzen:

Nur wer den Ursprung erfährt,
kann ganz im Augenblick sein;
ewig durchfließt ihn
der Lebensstrom.
(Laotse, 3)

Hier nun wird eine andere Bedeutung des TAO, die noch dem frühen Taoismus zugehört, deutlich. Dem magischen Weltbild nämlich galt TAO vor allem als Weg zum ewigen Leben. Durch Ausgleich der Gegensätze, Vermeidung aller unnötigen Anstrengung, Ausweichen vor möglichen Gefahren glaubte man zur Unsterblichkeit zu gelangen. Aus dieser magischen Schicht des Taoismus stammen viele der Praktiken und Methoden, die zu der defizienten Magie des späteren volkstümlichen Taoismus in China führten. Durch äußere Zaubertechniken wurden da Wirkungen erzielt, die äußerlich bleiben mussten, weil der seelische Bezug zum TAO, der den Nährboden dieser Techniken gebildet hatte, verloren gegangen war. Manches davon, wie Akupunktur, Atemtechnik, Kräuterheilkunde, am YIN-YANG-Verhältnis ausgerichtete Ernährungssysteme, heilgymnastische Übungen wie TAI-CHI, Kampftechniken wie KUNG-FU, taoistische Praktiken der Sexualität und anderes mehr ist in letzter Zeit auch bei uns populär geworden. Sicher üben diese Techniken sogar dann noch wohltätige Wirkungen aus, wenn ihr tieferer Sinn, das In-Einklang-Gelangen mit dem TAO bei der bloß äußeren Anwendung verloren geht. Doch bleiben die Wirkungen auf Teilbereiche beschränkt. Der unbegrenzte Glauben des magischen Bewußtseins an äußere "Machbarkeit" ist dem echten Taoismus fremd.

Auch bei Laotse und Dschuangdse finden sich Anleitungen auf den genannten Gebieten. Aber der Bereich des Körperlichen, dem das defizient magische Bewußtsein so gebannt verhaftet ist, wird immer nur als Teilbereich der umfassenden Wirklichkeit des TAO gesehen. Dabei gilt freilich wieder: die Bereiche Körper und Geist stehen nicht in dualistischem Gegensatz zueinander. Durch Verlegung des Bewußtseinsmittelpunktes in die Seele wird vielmehr die Verbindung von Körper und Geist hergestellt. Die Eingestimmtheit ins TAO gewährt die Eingestimmtheit in die äußere wie in die innere Welt. Das "ewige Leben", das durch die magischen, nur körperlich bezogenen Praktiken höchstens als langes Leben verwirklicht werden kann, wird in der bewußten Teilhabe des sterblichen Einzelmenschen am ewigen Kreislauf des Kosmos zu einer seelischen Realität. Wenn wir bei Dschuangdse lesen, dass die taoistischen Weisen tief atmen, "denn reiner Menschen Atem kommt aus den tiefsten inneren Tiefen" (Dschuangdse, B 31), so geht es dabei nicht um eine bloße Gesundheitsübung. Es handelt sich um einen der zahlreichen Hinweise zur

"Speicherung der Wirkkraft des TAO" (Laotse), die durchaus als Anleitungen zur taoistischen Meditation verstanden werden können. In der Meditation als dem eigentlichen Tun-des-Nicht-Tuns gelangt das Individuum dahin, die Grenzen seines Ich zu überwinden und der Teilhabe an der Einheit gewahr zu werden:

Die bewegte Seele stillhalten,
eines nur umfassen;
den Atem strömen lassen,
weich wie ein Kind;
den Blick läutern
bis zur Ungetrübtheit.
Überlaß dich der Leere und Stille;
sei eins mit allen Wesen...
(Laotse, 6)

SCHONG-JEN: Der Weise

Mystisches Erleben findet im Taoismus - das mag deutlich geworden sein – seine Mitte in der Wahrnehmung des TAO als unbeschreibbar gegenwärtigem Sein, als Ursprung und Ziel alles Seienden. Vom Kreislauf des Werdens und Vergehens fühlt sich der Meditierende mitbewegt und begreift sich so als Teil der dynamischen Einheit, die alle Verschiedenheit umfaßt. Er wird fähig, die Kraft der kosmischen Bewegung, das TE, in sich selbst zu spüren und von sich ausstrahlen zu lassen, um dadurch im Sinne des TAO zu wirken. Vor allem durch sein intuitives Ausgleichen der Grundkräfte YIN und YANG, deren verschiedene Zusammensetzung er in jeglicher Situation erlebt, wird sein bloßes Dasein für seine Umgebung maßgebend. Ein solcher Mensch, der TAO ungehindert durch sich hindurch wirken läßt, heißt SCHONG-JEN. Das deutsche Wort "der Weise" faßt sicher nur einen Teil der chinesischen Bedeutung. Andere Übersetzungen sind: der Meister, der Berufene, der Vollkommene, der Erwachte, der Erleuchtete, der Heilige. Unbedingt muss auch die Abstammung des SCHONG-JEN vom magischen Schamanen gesehen werden. Wie dieser lebt er in innigem Zusammenhang mit der Natur, kann sich einfühlen in Pflanzen und Tiere. Er hat den Tod ins Leben mit einbezogen; Leben und Tod sind ihm Phasen des ewigen Wandels der Einheit. Im berühmten "Schmetterlingstraum" veranschaulicht Dschuangdse witzig dies Bewußtsein innerer Verbundenheit aller Wesen im ewigen Kreislauf des TAO. Er träumt, er sei ein Schmetterling; nach dem Erwachen weiß er nicht, "war ich da ein

Mensch, der träumte, er sei ein Schmetterling, oder bin ich jetzt ein Schmetterling, der träumt, er sei ein Mensch? Zwischen Mensch und Schmetterling ist eine Schranke. Sie überschreiten ist Wandlung genannt." (Dschuangdse, B 16) Die Macht des Weisen, sein TE, beruht auf solcher Einsicht, dass alle Wandlungsformen Erscheinungen des einen TAO sind. Deshalb ist - wie ich schon andeutete - seine Macht keine des Beherrschens, sondern stammt aus seelischer Einfühlungskraft. Sie ist gewaltlose Macht.

Die wichtigsten Merkmale des Weisen sind seine Bescheidenheit, Selbstlosigkeit und Besitzlosigkeit. Außer TAO besitzt er nichts - weder materielle Reichtümer, noch überflüssiges Wissen. Sein unbelastetes Bewußtsein befähigt ihn zu einer neuen Kindlichkeit und läßt ihn den Weg zum Ursprung weisen: "Ich sage dir, kannst du sein wie ein Kind? Ein Kind bewegt sich und weiß nicht, was es tut, es geht und weiß nicht wohin... Wenn man also ist, so naht uns weder Leid noch Glück. Wenn man frei ist von Leid und Glück, ist man dem Menschenelend entnommen." (Dschuangdse, W 244)

Das Wirken des Weisen, durch das er helfend das Schicksal der Menschen seiner Umgebung beeinflußt, hat folglich überhaupt nichts mit planender Geschäftigkeit zu tun. Es geschieht absichtslos. Nur durch Absichtslosigkeit kann man nach einem Gleichnis Dschuangdses die Perle des TAO finden. Oft ahnen die Menschen vom helfenden Wirken des Weisen gar nichts; so bescheiden und unscheinbar lebt er unter ihnen:

Er redet wenig,
tut sein Werk,
sein Ziel.
Alle meinen dann:
"Wir taten es selbst!"
. . .
Durch reine Stille gibt er
der Welt das Maß.
(Laotse, 25)

Sein Wirken des Nicht-Tuns, des Nicht-Eingreifens wird besonders deutlich bei seiner Tätigkeit als Lehrer. In der Unterweisung Jüngerer sieht er ja eine seiner wesentlichen Aufgaben. Sein Unterricht geschieht weitgehend ohne Worte; beispielhaftes Verhalten ist sowohl Inhalt wie Form der Unterweisung. Von einem taoistischen Meister erzählt Dschuangdse: „Er predigt nie und erörtert nie; dennoch gehen, die leer zu ihm kamen, erfüllt von dannen. Er lehrt offenbar die Kunde, die keinen Ausdruck in Worten findet." (Dschuangdse, B 26)

Deshalb wird kein Lehrinhalt vom taoistischen Weisen, sondern sein Verhalten überliefert. Nach Laotse verhält er sich bedächtig, vorsichtig, aufmerksam, nachgiebig, spontan - auch wenn dies manchmal einen chaotischen Eindruck machen mag; immer ist er offen für das Geschehen des TAO, es im Kleinsten, Unscheinbarsten erkennend. Nie greift er in die natürliche Entwicklung seines Schülers gewaltsam ein. Dadurch gleicht sein Wirken dem Wirken des TAO:

Wachsen lassen,
nicht besitzen;
beschützen,
nicht beherrschen;
führen,
nicht ausnützen.
(Laotse, 4)

Schlechte Lehrer sind es, meint Laotse, die Gehorsam oder gar Furcht zur Grundlage ihrer Unterweisung machen. Das wesentliche Geheimnis der wirkenden Macht des taoistischen Meisters besteht darin, dass er seinen Schüler liebt. Denn nur dadurch kann er die Gegenliebe des Schülers, die Achtung, hervorrufen. Beide, Lehrer und Schüler, einander ergänzend, einander brauchend, vertrauen sich dem Kraftstrom des TAO an. Da TAO nicht geteilt, also auch nicht mitgeteilt werden kann, ist es nur dieser gemeinsame Bezug zur Einheit, der wirkliche Hilfe verspricht – auch etwa in der Beziehung zwischen Arzt und Patient: "Vor der Tür eines Arztes sind viele Kranke... Doch das TAO darf nicht ausgeteilt werden. Wird es ausgeteilt, verliert es seine Einheit... Übe Einheit. . .wie sollte da ein Mensch sich dir versagen. Dies ist der Weg, die Schöpfung zu erneuern." (Dschuangdse, B 23f.)

TAO im alltäglichen Leben

Der Weise wirkt beschützend und pflegend in alle Gebiete des menschlichen Lebens hinein. Als Meditierender hat er die Einheit der Lebensvielfalt im TAO erlebt und weiß, dass die strenge Trennung der verschiedenen Lebensbereiche voneinander nicht der tieferen Wirklichkeit entspricht. Nur wenige Menschen aber erreichen diesen Grad des bewußten Einklangs mit dem TAO. Dschuangdse charakterisiert einzelne Stufen auf dem Weg zur Einheit: "Nach drei Tagen hatte die Scheidung der Dinge aufgehört, für ihn zu sein... Nach sieben weiteren Tagen hatte das Außen für ihn aufgehört zu sein. Und wieder nach neun Tagen schritt er aus dem eigenen Sein hinaus. Danach wurde sein Gesicht strahlend wie der Morgen, und er schaute das Wesen, sein Selbst, von Angesicht zu Angesicht. Als er geschaut hatte, wurde er ohne Vergangenheit und Gegenwart. Endlich betrat er das Reich, wo Tod und Leben nicht mehr sind..." (Dschuangdse, B 33).

Die symbolischen Tage sind lange Strecken der Übung, die das Wesen des TAO immer deutlicher erlebbar machen. Doch zu Beginn habe ich schon gesagt, die Bedeutung taoistischer Meister bestehe gerade auch darin, dass sie den Zugang zum TAO jenseits der esoterischen Wegstrecken, die der Weise zurücklegt, gleichermaßen veranschaulichen. Auf jeder menschlichen Entwicklungsstufe kann die Einheit erlebt werden. Etwa in der Natur. Robert Musil, nachhaltig vom Taoismus beeindruckt, notierte zum Stichwort "Mystik" einmal: "Man kann nur jedem Leser raten: leg dich an einem schönen oder auch an einem windigen Tag in den Wald, dann weißt du alles selbst."[8]

PU, wörtlich: Holz im Naturzustand, ist der taoistische Begriff für Natur; an ihr kann jeder Mensch mit klarem Sinn sich orientieren. Es werden also keine moralischen Gesetze aufgestellt, schon gar keine, die Aufopferung oder Entbehrung verlangen. Das offensichtliche Wirken des TAO in der Natur wahrnehmen und sein Verhalten danach richten: gerade weil es so einfach sei, werde es so wenig getan, meint Laotse. Mit der Deutlichkeit und Nützlichkeit von Sprichwörtern, die von einer Generation zur nächsten überliefert werden, beschreiben Laotse und Dschuangdse taoistische Verhaltensweisen, die dem natürlichen Zustand des Lebens entsprechen und die für alle Menschen gelten können. Mäßigkeit, Bescheidenheit, Mitgefühl heißen die wichtigsten. Laotse nennt sie seine drei Schätze, die er denen, die auf ihn hören, als Geschenke anbietet. Alle drei Begriffe zielen auf ein ausgeglichenes menschliches Verhalten, das Einseitigkeit, Übertreibung, Überfeinerung vermeidet. Wieder wenden sich die Ratschläge gegen die Maßlosigkeit von YANG-Tendenzen der damaligen Zeit. Die Dämpfung von blinder Geschäftigkeit, zügelloser Macht- und Besitzgier, verwirrender Überflutung mit optischen, akustischen, kulinarischen, motorischen und ornamentalen Reizen wird empfohlen, denn:

Viele Farben blenden das Auge,
viele Töne betäuben das Ohr,
viele Geschmäcker stumpfen den Gaumen ab,
schnelle Wagen verwirren das Hirn,
üppige Kleider hemmen die Bewegung.
(Laotse, 11)

Einseitige Kühnheit und Kraftanstrengung führen, so wird erklärt, zum Gegenteil, zu Angst und Verfall, da schließlich immer ein Ausgleich zustande kommen muss. Davor ist gefeit, wer Übertreibungen meidet, wer Kleines erkennt und Leichtes tut; dazu muss man fähig sein, "Mildes zu schmecken, Blankes zu sehen, Schlichtes zu fassen". (Laotse, 11). Eine große Gefahr ist für den Taoisten die Überbewertung der eigenen Person, das prahlende Sich-selbst-Anpreisen, die Unbescheidenheit:

Wer auf Zehen steht,
steht nicht fest.
Wer die größten Schritte macht,
geht nicht am längsten.
Wer nur sich selbst sieht,
sieht sonst nichts.
(Laotse, 13)

Die Sucht nach Ruhm und Reichtum, eine andere Weise, die eigene Person übermäßig aufzublähen, meistens gepaart mit Unzufriedenheit oder Neid, führt nach Laotses Ansicht sicher ins Unglück; zumal man bei der Erlangung von Ruhm, Reichtum und Macht von der ständigen Angst vor deren Verlust geplagt wird. Wer dagegen zufrieden sein kann mit dem, was die Gegenwart ihm bietet, wer die Bedeutung des eigenen Ich nicht überbewertet, sondern sich als Teil der ganzen Menschheit sieht, der ist frei von solchem Leid. Bescheidenheit im taoistischen Sinn heißt somit nicht Verleugnung der eigenen Person, Bescheidenheit meint nichts anderes als die natürliche Wahrnehmung des tieferen Selbst, durch welches der Einzelne in seiner Einmaligkeit teilhat am gemeinsamen TAO.

Der Begriff Mitgefühl umschreibt von einem anderen Blickpunkt aus etwas Ähnliches. In der Kriegersprache bedeutet Mitgefühl ursprünglich kämpfendes Verhalten ohne Haß, welches alle Reaktionen des Gegners miterlebend vorwegnimmt. Taoistisch ist damit jene Geduld und Offenheit für den anderen bezeichnet, die es einem Ich erlaubt, sich im Du wiederzuerkennen. Die Eigenschaften des Nachgiebigen und Fließenden, die so oft dem Wirken des TAO zugeordnet werden, sind auch für das Mitgefühl bestimmend. Anstatt einen starren Charakterpanzer ums eigene Selbst zu legen, ist es möglich – ohne Verlust eigener Sicherheit - die Ich-Grenzen fließend zu gestalten. Dies wäre einem Zustand angemessen, in dem alle Menschen, ausgerichtet auf ihren Ursprung, auf TAO, von seiner Wirkkraft gleichermaßen durchströmt, vereint sind. Dann könnte echtes Verstehen von Menschen aus dem Wesenskern heraus geschehen. Solches Verstehen braucht keine Wörter mehr: "Als Kungfutse mit dem Weisen Wen-Po Hsüe-Tse zusammenkam, sprach er kein Wort. Hernach fragte ihn Tse-Lu: ‚Meister, du hast lange gewünscht, Wen-Po Hsüe-Tse zu sehen. Wie ist dies, dass du, nun du ihn sahst, kein Wort zu ihm gesprochen hast?' Kungfutse antwortete ‚Mit Menschen, wie diesem, bedarf es bloß des Schauens und TAO erscheint. Da ist kein Raum für Rede.' " (Dschuangdse B,68) .

TAO in Staat und Gesellschaft

In einem solchen Zustand des Einklangs wäre das Zusammenleben der Menschen ein friedliches und gerechtes. Man müßte nicht erst durch Gesetze, Verhaltensregeln, Schulen, Ämter und Heere Gerechtigkeit, Anstand und Frieden herstellen. ,,Die beste Ordnung stellt sich von selber her" (Laotse, 17) - so lautet der wichtigste Grundsatz der sich am Begriff des PU orientierenden taoistischen Staats- und Gesellschaftslehre.

Ein Land sollte so regiert werden,
wie man kleine Fische brät:
je weniger, desto besser.
(Laotse, 18)

Im Naturzustand des PU ist alles in Ordnung. „Ich weiß davon, dass man die Welt leben und gewähren lassen soll. Ich weiß nichts davon, dass man die Welt ordnen soll. Sie leben lassen, das heißt, besorgt sein, dass die Welt nicht ihre Natur verdreht..." (Dschuangdse, W 116).

Weil der urgesellschaftliche Zustand, als das TAO das Zusammenleben der Menschen ordnen konnte, getrübt ist, weil Machtverhältnisse, Entfremdung, Klassenunterschiede entstanden sind, deshalb können die vorhandenen Verhältnisse auch für die Taoisten nicht völlig sich selbst überlassen werden. Die Ausgleichswirkung des TAO soll vielmehr, wie im Leben des Einzelnen, auch im gesellschaftlichen Zusammenleben heilsam genützt werden, um eine dem Urzustand entsprechende gesellschaftliche Situation auf anderer Ebene zu schaffen:

Das Wirken des TAO
gleicht dem Spannen eines Bogens:
die entgegengesetzten Enden
kommen einander näher;
die Höhe verringert sich,
die Breite vergrößert sich
Vermindern, was zuviel,
vermehren, was zuwenig...
(Laotse, 27)

Das soziale Anliegen der taoistischen Staats- und Gesellschaftslehre ist deutlich. Den Widerspruch zwischen den „diirftigen Hütten" auf der einen Seite und den „prächtigen Palästen" auf der anderen sieht Laotse nicht nur als eine Ungerechtigkeit - er nennt die Reichen, die im Überfluß fast ersticken, während die Armen hungern, schlichtweg die „schlimmsten Räuber"; der Widerspruch muss seiner Meinung nach auch unausweichlich zu einer gewaltsamen Auseinandersetzung führen:

Menschen, deren Lebensumstände
so grausam sind wie die der Hungernden,
sind ohne Todesfurcht.
Sie nehmen den Kampf leicht auf
gegen die Herrschenden,
die zu fett sind,
um den Tod nicht zu fürchten.
(Laotse,18)

Damit hat Laotse bis zu den revolutionären Kämpfen im China dieses Jahrhunderts recht behalten. Ein so unvoreingenommener Beobachter wie Edgar Snow etwa berichtet, dass für die meisten Bauern, die sich Maos legendärem „langem Marsch" anschlossen, der Kampf tatsächlich die einzige Alternative zu Hunger und Tod war.[9] Auch andere asiatische Befreiungskämpfe gegen rüstungstechnisch weit überlegene Gegner können in ihrem Erfolg aus der taoistischen Maxime von der Kraft der Schwachen verstanden werden: Wasser ist stärker als Stein, das Weiche wird schließlich das Harte besiegen. Freilich ist selbst ein solch „gerechter Sieg" für den Taoisten Anlaß zur Trauer:

Wenn viele getötet wurden, trauert man...
Disteln und Dornen wachsen auf dem Boden,
über den Armeen gezogen sind.
Einem Krieg folgen Jahre der Not
(Laotse, 20)

Deshalb wenden sich die „anarchischen" Auffassungen der Taoisten ebenso wie gegen die konfuzianische Staatslehre der Ordnung durch Gesetz und Sitte gegen die

Theorien gewaltorientierter Politik. Situationen, in denen Gewalt unausweichlich wird, sollen am besten gar nicht erst entstehen. Waffen sind für Laotse „Werkzeuge des unvollkommenen Menschen". Je vollkommener, desto vernichtender schlagen sie auf den zurück, der sie gebraucht. Durch die Ausgleichswirkung des TAO soll ihr Gebrauch überflüssig werden.

Wahre Sieger gewinnen ohne Schlacht...
Geh lieber hundert Schritte zurück,
als einen Schritt zu weit vor.
(Laotse, 16)

Manchmal beschwören Laotse und Dschuangdse Vor-Bilder des friedlichen und gerechten menschlichen Zusammenlebens. Kleine, eher ländliche Gemeinschaften, die sich von unnützem Waren- und Wissensballast befreit haben, leben ohne Neid und Aggression nebeneinander:

Die einfachsten Zeichen genügen zur Verständigung,
bekömmlich und schmackhaft ist das Essen,
schlicht und gefällig die Kleidung,
behaglich und dauerhaft das Wohnen,
nützlich und fröhlich die Arbeit...
(Laotse, 21)

Auffallend bei der taoistischen Utopie ist die ablehnende Haltung allen komplizierten Maschinen, Verkehrsmitteln und Waffen gegenüber. Arthur Waley hat darauf hingewiesen, dass diese Ablehnung der Technik nicht in erster Linie aus pragmatischen Gründen (etwa im Hinblick auf damit verbundene Arbeitslosigkeit) geschieht, sondern ähnlich wie bei Gandhi als Protest gegen die das Wesen des Menschen entwürdigende Funktion einer überhandnehmenden Technik.[10] Die Geschichte vom Ziehbrunnen bei Dschuangdse macht dies deutlich. Ein Schüler des Kungfutse gibt einem Gärtner, der das Wasser mühsam mit dem Eimer aus dem Brunnen schöpft, den Rat, einen Ziehbrunnen zu errichten, und erklärt ihm dessen Mechanik. Der Gärtner, ein taoistischer Weiser, lehnt die „Verbesserung" ab: „...die listige Hilfsgeräte haben, sind listig in ihren Geschäften, und die listig in ihren Geschäften sind, haben List in ihrem Herzen, und die List in ihrem Herzen haben, können nicht rein und unverderbt bleiben, sind ruhelos im Geiste, und die ruhelos im Geiste sind, in denen kann TAO nicht wohnen. Nicht dass ich diese Dinge nicht kennte, aber ich würde mich schämen, sie zu benützen" (Dschuangdse,B 49).

Wilhelm übersetzt „listig" mit „maschinenmäßig", wodurch der Abschnitt zur negativen Utopie des Menschen mit „Maschinenherz" wird. Dieser Aspekt der Technik als Gegenmöglichkeit einer Existenz im Einklang mit TAO spannt den Bogen in unsere Gegenwart hinein. Taoistische Utopie und Gegenutopie sind Möglichkeiten unseres Menschseins.

Gegenwärtige Wirklichkeit des TAO

Die taoistischen Gedanken aus der frühen Zeit des fernen China wollen unmittelbar zu uns in eine hochindustrialisierte Gesellschaft des zwanzigsten Jahrhunderts treffen. Denn das, worauf sie sich richten, das TAO, ist eine überzeitliche, überräumliche, überindividuelle Erfahrung. In dieser Erfahrung liegt noch genauso wie zur Zeit Laotses und Dschuangdses die Quelle jener Kraft, die ein menschliches Leben sinnvoll motiviert. Viele Menschen scheinen dies heute zu begreifen. Es werden immer mehr, die durch meditative Übungen den Zugang zum Sinnerlebnis suchen, zur gegenwärtig erfahrenen mystischen Mitte, von wo aus ihr Leben neu bestimmt wird. Die Methoden, die ihnen dabei helfen, die Benennungen, die sie für die Mitte finden, sind verschieden. Doch Methode und Benennung stellen nicht das Wesentliche des Erlebens dar. Ein gültiger Weg, eine mögliche Benennung - vielleicht kann sie schon weltweit verstanden werden - ist TAO. In der Wirklichkeit des TAO ist die Gegenwart vieler heutiger Menschen gegründet.

Je weniger dies als „Chinoiserie" geschieht, um so besser. Die bei aller Liebenswürdigkeit doch als beschränkt entlarvte Idylle des taoistischen Einsiedlers in Hesses „Glasperlenspiel" mag da als Warnung dienen. Nicht Bambuswäldchen, Reisschale, Tee und schön gepinseltes Gedicht verweisen auf die lebendige Kraft des Taoismus, der als ein plakativer „Ismus" - wie schon eingangs gesagt - gar nicht zu fassen ist. Die Wirkkraft des TAO zeigt sich (darauf hat Dschuangdse nachdrücklich hingewiesen) nicht in der Weltabgewandtheit, sondern dort, wo Menschen in dieser Welt sich bewußt dem Werdens- und Sterbenskreislauf des Natürlichen einordnen. Solche Menschen, denen Natur etwas anderes ist als ein Anlaß zu gewaltsamer Ausbeutung, gibt es gerade in unserer Zivilisation genug. Und es gibt tausende, die bescheiden, ohne Aufblähung des eigenen Ich, in selbstverständlichem Mitgefühl am

Schicksal der Menschen um sie herum teilnehmen; es gibt tausende, die sich einem sinnlosen Kaufzwang und der Übersättigung mit Luxusgütern versagt haben. Ebenso gibt es Lehrer, für die Unterweisung nicht Überforderung ihrer Schüler, sondern Entwickelnlassen bedeutet; Ärzte, für die Gesundheit nicht gleichbedeutend mit reibungslosem Funktionieren ist, sondern die den körperlich-seelischen Einklang mit den überpersönlichen Kräften des Kosmos suchen. In allen Bereichen des öffentlichen Lebens finden sich immer auch Menschen, die ihren Einfluß gegen Gewalt, gegen Zerstörung, gegen Überhandnehmen unmenschlicher Bürokratien und Apparate, für die Erhaltung natürlicher Lebensgrundlagen geltend machen. Und es gibt genug Menschen, denen Liebe nicht Besitzenwollen ist; Schönheit nicht gleichbedeutend mit dem Kostbaren, sondern dem Schlichten ist. All diese Menschen, ob sie es wissen oder nicht, nähern sich der Verwirklichung jenes Zustandes, den Laotse und Dschuangdse als im Einklang mit TAO bezeichnen. Soll man sie Taoisten nennen? Bereits 1925 beschrieb Richard Wilhelm, bedeutendster Übersetzer chinesischer Texte ins Deutsche, das für alle Zeiten gültige taoistische Grundanliegen so: "Das Entscheidende ist immer, dass die Menschen ... nicht um des Lebens willen die Quellen des Lebens verschütten!"[11] Gerade weil in unserer Zeit die Quellen des Lebens - im seelischen Innenraum wie im stofflichen Außenraum - immer unverantwortlicher verschüttet werden, hat die Gemeinschaft aller im Bezug zum namenlosen Ursprung des TAO lebenden Menschen so große Bedeutung. Diese Gemeinschaft findet auf einer anderen Wirklichkeitsebene statt als auf der von Korporationen, Organisationen, Parteien, Nationen; auch mag ihre zahlenmäßige Stärke gering erscheinen im Vergleich mit den übrigen Menschenmassen. Ihrer ausgleichenden Wirkung im großen Kräftespiel von YIN und YANG kommt jedoch mehr und mehr die Entscheidung darüber zu, ob menschenwürdiges Leben, ob Leben überhaupt, auf dieser Erde weiterbestehen kann.

Der Ursprung ist namenlos. Das TAO, das genannt werden kann, ist nicht TAO. Die Mitte des mystischen Erlebens wird nie von Sprache erfaßt werden. Von dort aber erfüllt Sprache sich mit Geist, sättigen sich Gesten mit Lebenskraft, beseelen sich Blicke und dringen als Liebesenergie zu Mitmensch und Umwelt. Von der Sprachlosigkeit des Vertrauens auf die mystische Mitte, vom schweigenden Wissen um die Einheit all des vielfältig sich Wandelnden, geht die notwendige Gegenwirkung aus zur anderen Sprachlosigkeit: der von Entfremdung, Einsamkeit und Angst.

WEG UND METHODE[12]

Die Doppelbedeutung von TAO

„Weg" und „Methode" sind zwei von vielen Übersetzungsmöglichkeiten des chinesischen Wortes TAO (Dau). Um den dabei jeweils verschieden gesetzten Bedeutungsakzent geht es im Folgenden.

„Weg" – oder als Tätigkeit „sich bewegen, auf dem Weg sein, einen Weg bereiten" - ist die früheste Bedeutung von TAO. Der gemeinte Weg wurde mit der Zeit immer umfassender verstanden als kosmischer Lauf, als universal-sinnvolles Geschehen. Jeder einzelne Mensch hat mit seinem persönlichen TAO teil am alles bewegenden TAO. Nirgends ist dies begrifflich voll zu fassen, doch im unmittelbaren Erleben wahrzunehmen. TAO: jedes Seiende kommt aus ihm, kehrt in es zurück. So hat Laotse im TAO-TE-KING davon gekündet. Auf dem Weg sein, bedeutet für Laotse: das TAO immer deutlicher wahrnehmen und verwirklichen; sich ohne gefühlsmäßigen Vorbehalt, ohne verstandesmäßige Einschränkung, ohne verengende Willenskonzentration an die Wirklichkeit des Daseins hingeben. Geschehen lassen, was geschieht. Sein lassen, was ist. Je weniger man will und tut, um so leichter gelingt dies.

Für Laotses philosophischen Gegenspieler Kungfutse war TAO ebenfalls ein höchster Begriff. Auch er wollte vom TAO her heilsam auf die katastrophalen geistigen und materiellen Zustände seiner Zeit einwirken. Doch im Gegensatz zu Laotse verwies er das Moment der Unmittelbarkeit bei seinem Verständnis des TAO in den Hintergrund. Für ihn war TAO das Prinzip des geordneten, sittlich geregelten Lebens, der persönlich-bewußte Einklang mit den allgemeinen Gesetzen der Gesellschaft. In ihnen nämlich spiegelten sich seiner

Meinung nach die Naturgesetze, wie sie von den Ahnen erkannt und niedergeschrieben worden waren. Zum Beispiel im altehrwürdigen I-GING.

Bei Laotse: „Lerne das Verlernen!“, bei Kungfutse: „Studiere die Überlieferung!“ Durch solches Studium soll Schritt für Schritt ein Wissen entwickelt werden, das als Grundlage fürs rechte Handeln dienen kann. Sein Verfahren, um zum TAO zu gelangen, somit auch seine Ethik, ist rational fundiert, überlegt, systematisch - hat Methode. Im Unterschied zum spontanen Sich-dem-Weg-überlassen handelt es sich bei der Methode um planvolles Vorgehen. Anstelle der schöpferischen Unmittelbarkeit tritt das Bewußtsein von den Mitteln. Jeder vollzieht immer wieder den Übergang vom spontanen Weg zur bewußten Methode. Typisch ist die Problemsituation, in der man eine Zeitlang mehr oder weniger zufällig dies oder jenes als Lösung versucht, bis jemand vorschlägt: „Jetzt laßt uns mal Schritt für Schritt, methodisch vorgehen.“ Solches Vorgehen wurde schließlich richtungweisend für das abendländische Weltbild. In seinem „Discours de la Méthode“ hat Descartes es programmatisch als wissenschaftliche Methodik der Neuzeit beschrieben. Zu ihren Gunsten ist das schöpferische Dem-Weg-folgen immer mehr vernachlässigt worden. Halb im Untergrund lebte es weiter, bei Künstlern und Mystikern. Nun hat die Vorherrschaft der Methode uns an einen Punkt geführt, wo der Mut gefordert ist, von der zum Zwang gewordenen Methode zu lassen und sich erneut der Bewegung des TAO anzuvertrauen.

Spirituelle Methode

Die Gleichungen Wissenschaft = Methode, Spiritualität = Intuition gelten freilich nicht. Es gibt nicht nur wissenschaftliche, sondern auch spirituelle Methode, so wie selbst die objektivste Naturwissenschaft nicht ohne subjektive Inspiration auskommt. Betrachtet man nun die verschiedenen Religionen und Weisheitslehren der Vergangenheit, so wird man bald feststellen, das in ihnen allen nachvollziehbare Schritte vorgegeben werden, die zum spirituellen Erleben führen sollen. Dies reicht bis zu den „Methodisten“, die ihr Seelenheil auf besonders methodische Weise erlangen wollen. Oft klingt bei spiritueller

Methodik sogar der Anspruch mit, einen sicheren, ja, den einzig richtigen Weg zur Sinnerfahrung gefunden zu haben. Dogmatik und Intoleranz stellen sich rasch ein, wenn eine einzige Methode der Spiritualität in einem Zeitalter vorherrscht.
In Zeiten starken Wandels, wenn allgemein als verbindlich geglaubte Weltanschauungen, Glaubensmaximen und ethische Grundlagen brüchig werden, beginnen viele Menschen, an dem Ausschließlichkeitsanspruch überkommener Methoden zu zweifeln. Sie befragen von sich aus die Wirklichkeit nach den Methoden, vergleichen einzelne Übungsmethoden miteinander, kombinieren verschiedene Methoden, versuchen neue methodische Ansätze. Wendezeiten sind Zeiten der Methodenvielfalt - und damit näher an der Bereitschaft, sich auch ohne überlieferte Methoden vom Weg selbst führen zu lassen, im Vertrauen auf die Spontaneität des Chaos.

Die Zeit um fünfhundert vor Christus war nicht nur im China Laotses und Kungfutses eine gewaltige Umbruchsepoche, sondern auch in Indien, Persien, Israel und Griechenland. Man denke an Buddha und Zarathustra, an die alttestamentarischen Propheten und die griechischen Naturphilosophen, um sich klar zu machen, wie damals auf spirituellem Gebiet methodisch experimentiert wurde. In China spricht man von der Zeit der „Hundert Schulen". Denn neben Laotse und Kungfutse durchstreiften eine Menge anderer Weisheitslehrer das Land. Sie alle versuchten, Antworten auf die drängenden Fragen der Zeit zu geben und schlugen vielfältige Methoden zu ihrer Bewältigung vor.

Heute ist das ähnlich. Allerorten erleben wir den Durchbruch von Wirklichkeitsaspekten, die auf neue Bewußtseinsdimensionen hinweisen. Überkommene Bewußtseinsstrukturen und überlieferte spirituelle Methoden fassen dies Neue nicht. Eine vielfältige Suche nach Modellen und Methoden, die über das sich auflösende alte Weltbild hinausreichen, hat eingesetzt. Dabei sind die Vorschläge und Antworten, die vorgebracht werden, so unterschiedlich wie zur Zeit der „Hundert Schulen". Sie stehen einander oft – wie bei Laotse und Kungfutse - polar gegenüber.

Was der Einzelne gegenwärtig – zumindest in unserem Kulturkreis - an Informationen, Anregungen, Anleitungen für seine spirituelle Entwicklung angeboten bekommt, übertrifft alle früheren Zustände. Bücher, deren Inhalte lange Zeit nur geheim weitergegeben wurden, für deren Besitz man mit dem Tode bestraft werden konnte, sind in preiswerten Ausgaben in der Buchabteilung jedes größeren Kaufhauses oder Bahnhofes zugänglich. In einer unübersehbaren Anzahl von Vorträgen, Seminaren, Kursen werden die Methoden verschiedenster mystischer Geheimschulen aus Ost und West vermittelt. Man hat bereits zurecht davon gesprochen, dass Spiritualität heute zum Schleuderpreis gehandelt werde.

Wie ist es möglich, inmitten dieser Vielfalt von Angeboten die Methoden zu finden, die dem eigenen Weg entsprechen? Denn es kann ja nicht darum gehen, irgend eine spirituelle Richtung einzuschlagen, sondern für jeden einzelnen ist es entscheidend, dass er sich in diejenige Richtung wendet, die seiner individuellen Situation entspricht. Wie kann ein „Geistesmensch" heute sein TAO verwirklichen? Wie also stellt sich für uns die Beziehung vom Weg zur Methode dar?

Zusammenspiel von Weg und Methode

Für manche Menschen scheint es auch heute wie in früheren Zeiten möglich zu sein, ihre persönliche spirituelle Verwirklichung in der Hingabe an eine einzige überlieferte Methode, in der Nachfolge eines Meisters oder in der ausschließlichen Zugehörigkeit zu einer Schule zu finden – beruhe die nun auf „Glaube" oder „Wissenschaft". So bewundernswert diese Beschränkung und Hingabe manchmal sein mag, so richtig sie sein mag für den Weg des Menschen, der sich dafür entschieden hat - und übrigens auch: so wichtig sie für Überlieferung und Weiterführung geistiger Traditionen ist - , es wird diese Ausschließlichkeit doch nur noch für einige wenige sich eignen.

Für die meisten Menschen, die sich in unserer Zeit auf die geistige Suche machen, sieht der Weg anders aus. Für sie gilt es eher, ausgehend von der eigenen kulturellen Tradition, anknüpfend an persönliche Geschichte und Situation, sich mit der Überlieferung von West und Ost, mit Vergangenheit und

Gegenwart schöpferisch-experimentierend auseinanderzusetzen. Und zwar so, dass die verschiedenen geistigen Methoden nach und nach zu einer sinnvollen Einheit im eigenen Bewußtsein werden. Dass durch die Methoden hindurch sich das eigene TAO erfüllt.

Denn der offene Weg, das Sich-einlassen auf verschiedene Konzeptionen, Methoden, Übungsprogramme ist nicht gleichbedeutend mit Zufälligkeit, ist kein Gegensatz zum Schritt-für-Schritt-vorgehen der traditionellen Methoden. Indem nämlich aus der konkret-einmaligen Lebenssituation heraus mit den überkommenen Methoden experimentiert wird, indem der in den Methoden manifeste allgemeine Geist in Verbindung tritt mit dem lebendigen Geist des einzelnen Menschen, kann ein schöpferischer Zusammenklang von Methode und Weg geschehen. Das Starre, Strenge der fixierten Methoden wird bei solchem Zusammenklang weich und schmiegsam; das Zerfließende, Wechselhafte der reinen Spontaneität nimmt Konturen an. Es kann jenes, im wörtlichsten Sinne „Wunderbare", stattfinden, das aus der Begegnung von persönlichem Wollen und umfassender Fügung hervorgeht. Die Erfahrung wird gemacht: ich als einzelner habe an einem überpersönlichen geistigen Zusammenhang teil.

Darin besteht die Bedeutung der alten mystischen Aussage, dass man für den Weg „erwählt" sei. Wer in seiner Erinnerung zurückgeht, wird entdecken, wie bereits der erste Anstoß für die „Suche", die ersten Hinweise auf den Verlauf des „Weges" ein Zusammenklingen von ganz persönlicher Bereitschaft waren mit etwas, das von draußen entgegen kam. Im richtigen Moment waren die richtigen Menschen oder Bücher, Kunstwerke oder Landschaften da, durch welche man auf der Suche ein Stück weiterkam. Solche Begegnungen sind nicht zufällig. Sie sind notwendige Konstellationen auf der geistigen Wirklichkeitsebene. Es handelt sich dabei um ein Zusammentreffen der polaren Qualitäten, die unser Streben ausmachen: Suche, Sehnsucht, Bewegung, Experiment einerseits; Zielbewußtsein, Richtung, Form, Methode andererseits. Indem ich bewußt meinen Weg suche, indem ich die mir angemessene Methode jeweils der Situation entsprechend anwende, verwirklicht sich durch mich hindurch derselbe lebendige Geist, der auch diese Methode ursprünglich hervorgebracht hat. Deshalb eben ist er der „lebendige Geist", weil er immer schaffend neu entsteht. Doch auch ewig ruhend schon immer war. Meine

Initiative - mein Wollen, Planen, Denken, kurz mein methodisches Vorgehen - ist für die fortdauernde Wirklichkeit des Geistes nötig. Doch ebenso nötig ist das von meinem Willen unabhängige Geschehen, das Mir-entgegenkommen des überpersönlichen, immer schon seienden Geistes.

Nachahmung von Vorbildern

Da in der konkreten Verbindung von persönlichem Wollen und überpersönlichem Geschehen, von Intelligenz und Kreativität, die Verwirklichung des Geistes immer neu sich ereignet, sieht der spirituelle Weg eines jeden Menschen a n d e r s aus. Nichts, was methodisch vorgegeben ist, kann das Einmalig-Neue - die wahrhaft schöpferische Potenz des lebendigen Geistes – je schon beinhalten. Jede Methode kann immer nur bitten: „Veni Creator Spiritus". Keine kann sein Kommen garantieren. Der vollkommene methodische Nachvollzug eines schon einmal von jemandem gehabten geistigen Erlebnisses ist unmöglich. Ein wesentliches Moment der schöpferischen Wirklichkeit des Geistes ist das Eintreten von Überraschend-Unbekanntem, Nie-Gewesenem. Ein Stück weit führt mich die Methode – dann muss ich mich vom Weg selbst führen lassen!

Ein Bewußtsein davon finden wir gerade bei strengsten, geistigen Übungswegen der Vergangenheit. Immer wieder weisen die Lehren dieser Disziplinen auf das mystische Paradoxon des Zusammenwirkens von Weg und Methode hin: dass nämlich das Erlebnis der Erleuchtung auf einer grundlegend anderen Wirklichkeitsebene stattfindet als auf der Ebene planvoller Methode. In die waagrechte Ebene des sich in der Zeit bewegenden, Schritt für Schritt vorangehenden methodischen Übens und Verstehens, das vergangene Erfahrung mit Zukunftserwartung verbindet, dringt die Wahrnehmung des Sinnes senkrecht ein – als qualitativ andere, weil gegenwärtige Wirklichkeit.
Auch die beste Methode kann nur vorbereitend wirken für den Einbruch des ewigen Jetzt. „Das höchste TAO – der höchste Weg – ist gar nicht schwer."[13] So lautet einer der frühen Zen–Sprüche. Die Meister des Zen haben das paradoxe Verhältnis vom Weg, der ganz leicht ist, und der schwierigen

Methode immer neu in drastischen Lehrbeispielen veranschaulicht. Etwa in der Geschichte, wie ein Schüler vom Meister Nan Yüä lernt, warum die einem Vorbild nachgeahmte Methode – und werde sie noch so genau durchgeführt, und sei das Vorbild das allerhöchste – warum diese nachgeahmte Methode niemals der Weg selbst, das TAO selbst, sein kann.

Der Schüler versucht durch Sitzen in Versenkung nach dem Vorbild des Buddha dessen Erleuchtung zu erleben, also selber Buddha zu werden. Das heißt im frühen chinesischen Zen, wo Buddhismus und Taoismus sich durchdrangen, auch: den Weg finden, ins TAO gelangen. Dem Meister Nan Yüä fiel der Mönch Ma auf - und ich zitiere jetzt Gunderts Ausgabe des BI-YÄN-LU (Niederschrift von der Smaragdenen Felswand) - „der da auf seiner Felsplatte wie aus Stein gehauen saß und übte, ohne sich nach denen, die vorübergingen, auch nur umzusehen. Und eines Tages redete er ihn an und fragte: ‚Was willst du eigentlich damit, dass du hier immer so in tiefem Schweigen aufrecht sitzest?' Ma erwiderte: ‚Nichts weiter, als dass ich mich in sitzender Versenkung übe.' ‚Und welchen Zweck verfolgst du denn damit?' ‚Ich gedenke', war die Antwort ‚durch das Sitzen in Versenkung Buddha zu werden.' Der Meister Nan-Yüä sagte nur: ah so! und brach zunächst die Unterredung ab. Inzwischen hob er im Hof des anliegenden Klosters ein heruntergefallenes Stück von einem Dachziegel auf und begann, es in Ma´s Nähe auf einem Steinblock eifrig hin und her zu reiben. Schließlich fragte dieser ihn verwundert: ‚Ehrwürdiger, was tut Ihr eigentlich?' ‚Ich reibe diesen Ziegelstein hier, wie du siehst.' ‚Was wollt Ihr denn damit erreichen?' ‚Ich gedenke durch das Reiben einen Spiegel daraus zu machen.' Ma lachte und rief: ‚Wie soll aus einem Ziegelstein ein Spiegel werden?' Da lachte auch der Meister, warf den Ziegel weg und sagte: ‚Aus einem Ziegelstein wird allerdings durch noch so viel Polieren nie ein Spiegel. Niemand wird durch noch so vieles Sitzen in Versenkung je ein Buddha.' Ma sprang von seinem Sitze auf und fragte schwer getroffen: ‚Durch sitzende Versenkung soll man nicht Buddha werden können? Ja, was soll man dann überhaupt noch tun?' "[14]

Mut zur Offenheit

Ja, was soll man dann überhaupt tun?! Um diesen resignierenden Ausruf wird niemand herumkommen, der sich auf die methodische Annäherung an die Einheit einläßt. Er wird erleben, dass eben kein bruchloser Zusammenhang zwischen Methode und Weg besteht, dass es da einen Punkt gibt, von dem aus keine überlieferte Wegbeschreibung weiterführen kann. Irgendwann wird jeder ein Stück Land vor sich sehen, von dem es noch keine Karte gibt, weil er selbst ganz allein berufen ist, dieses Stück Land zu erforschen. Es ist dies die Grenze aller bewußten Bemühung, an der das große Wagnis des Sich-Hingebens an die Gegenwärtigkeit der Existenz beginnt.

Einer mag noch so eifrig und gewissenhaft nach erprobten und edelsten Methoden üben – wenn er im entscheidenden Moment am entscheidenden Punkt seiner Entwicklung den Mut nicht aufbringen kann, sich in die offene Weite der begrifflosen, durch Tradition ungesicherten, weil qualitativ neuen Wirklichkeit zu begeben, wenn er - christlich gesprochen – nicht wagt, in den Abgrund der Gnade zu springen, dann hat er wohl den inneren Sinn seines Übens verfehlt. Sein methodischer Übungsweg hat ihm vielleicht vieles vermittelt: Körpergesundheit, exaktes Beobachten, logisches Schließen, erhöhte Fühlfähigkeit, besseren Umgang mit den Bildern in seinem Inneren, Bewußtseinsberuhigung, die Möglichkeit, rasche Entscheidungen zu treffen oder friedlicher mit anderen Menschen zurechtzukommen. All dies können Ergebnisse methodisch durchgeführter spiritueller Übungsprogramme sein, die heute in Fülle angeboten werden.

Aber: das, was alle spirituelle Methodik als ihre wesentliche Aufgabe begreift, das Hinführen zum Punkt existentieller Entscheidung, wo der persönliche Bezug zu Einheit und Sinn sich öffnet, wird verfehlt, wenn der Mut zum Zurücklassen methodischer Sicherheit nicht ebenso geübt wird. Erst dieser Mut befähigt zur Freiheit. Der Meister Nan erklärte dem jungen Ma durch sein Lehrstück, dass das Erlebnis von Einheit und Sinn nicht vom Sitzen oder

Liegen abhängt. Er macht ihm klar, wie Im-TAO-Sein niemals bedeuten kann, einen Teil der Wirklichkeit zu fassen und einen anderen zu lassen, also etwa die Innerlichkeit zu preisen und die Außenwelt zu verachten. Im TAO gibt es kein Bejahen oder Verneinen, kein Bewerten. Auf solcher Unterscheidung beruht jedoch alle Methode, indem sie einzelne Aspekte der Wirklichkeit abgrenzt, betonend oder dämpfend, indem einzelne Bereiche – wie Körper, Seele oder Geist – künstlich von einander getrennt werden. Das TAO, der Weg, ist - wenn überhaupt – dadurch zu umschreiben, dass solche Gegensätze und Definitionen nicht mehr gültig sind. Wer in der Einheit ist, so erklärt Meister Nan, ist zugleich im Innen und Außen, in Bewegung und Ruhe, im Körper und Geist, im Verstehen und Schweigen. Doch verwirft der Meister die methodische Übung deshalb nicht. Das wäre wiederum eine Einseitigkeit. Er relativiert die Bedeutung der Methode, indem er zeigt, dass durch sie höchstens eine bestehende Einseitigkeit in der bisherigen Entwicklung ausgeglichen werden kann.

Meister im Inneren

Wenn wir unser Verhältnis zu den traditionellen Methoden in diesem Sinn verstehen, wird auch deutlich, warum in den verschiedenen Religionen, Weisheitslehren und wissenschaftlichen Disziplinen verschiedene Schwerpunkte der Übung gesetzt sind. Die Übungswege bezogen sich immer auf bestimmte geokulturelle Voraussetzungen. Was für manche Völker in einer bestimmten Entwicklungsphase notwendig und richtig war, war es nicht auch für andere. Und dasselbe gilt noch heute im Bezug auf verschiedene Menschen. Ob einer methodisch mit Übungen für den Körper beginnt, weil er ein überlasteter „Kopfmensch" ist, ob er mit psychodynamischen Übungen beginnt, weil er nie Gelegenheit hatte, seine Gefühle zu entwickeln, ob er mit meditativen Übungen beginnt, die sein symbolisch-bildliches Vorstellen fördern, oder mit solchen, die sein begriffliches Denken klären, weil eine dieser Fähigkeiten bei ihm verschüttet ist – das hängt jeweils von seiner konkreten Situation ab. Und ebenso, welche Methoden an welchem Punkt seines weiteren Weges sinnvoll für ihn werden.Die Möglichkeit, die wir heute haben, über ein weites Spektrum an Methoden, von ältesten magischen Praktiken bis zu modernsten, experimentell entwickelten Psychotechniken zu verfügen, verpflichtet, mit dieser Vielfalt behutsam umzugehen. Hier ist es wichtig, die Stimme des „Meisters im Inneren" zu hören. Also immer wieder den Kontakt zur eigenen intuitiven Kreativität herzustellen, die einem untrügliche Signale zukommen läßt, wenn man sich zu intensiv mit einer Methode eingelassen hat, die im gegebenen Entwicklungsstadium für einen nicht förderlich ist. Nie darf durch bewußt geplantes methodisches Vorgehen das Sich-Führen-Lassen von der Kraft des TAO, die über alles Bewußtsein geht, blockiert werden. Nie darf die Disziplin der Methode die Freiheit der inneren Entscheidung schmälern.

Ausschlaggebend scheint mir bei dem Umgang mit vorgegebenen Methoden aber die Erkenntnis, dass sie alle über sich selbst hinausweisen. Die Körperübungen haben ihren Sinn darin, dass sie über den Körper hinaus in den seelischen Bereich weisen; die psychischen Übungen weisen ins Geistige. Und die Richtung geht auch umgekehrt! Denn die Methoden aller Bereiche weisen als Mittel zu einer neuen Un-Mittelbarkeit – zum Erlebnis gegenwärtigen Daseins, in dem es keine Trennung in verschiedene Bereiche mehr gibt, und da die Mittel überflüssig geworden sind. Wer also etwa durch Yoga nichts als körperliche Fitness, oder durch Meditation nichts als gesunden Schlaf finden will, hat sein Ziel ebenso zu kurz gesteckt, wie derjenige, der beim Erforschen der Natur nur deren technische Nutzung im Auge hat. Weg und Methode geistiger Erkenntnis – das bedeutet demnach keinesfalls: Rückzug in vorrationale, vorindividualisierte Bewußtseinsstrukturen. Es bedeutet keine schützende Ruhe angesichts des brüchig werdenden rationalen Weltbildes bei der gegenwärtigen planetarischen Wandlung. Das bedeutet vielmehr den Mut, die Wandlung bewußt zu wollen, und sich selbst als ein Teil von ihr, als Moment in der zeitlichen Entfaltung des ebenso ewigen wie lebendigen Geistes zu begreifen. Wie wir gesehen haben, wird der Einzelne dabei immer ausgehen müssen von der kulturellen und persönlichen Situation, in der er sich befindet. Indem man zunehmend lernt, auf das vom eigenen Wollen und Wissen unabhängige Wirken des lebendigen Geistes in sich selbst und um sich herum zu hören und zu reagieren, wird man begreifen, dass die Methoden sich gegenseitig nicht ausschließen, sondern ergänzen; dass sie alle zur selben geheimen Mitte zielen, ohne diese je zu treffen, auf jene Wirklichkeit, von der auch alle Wandlung heute ihre bewegende Energie bezieht. So wird die gelebte

Dialektik von Weg und Methode nicht in erster Linie als einmaliges Ziel-Finden erfahren werden, sondern eher als etwas, das fortwährend immer neu geschieht. Der Einklang mit dem TAO erweist sich dann als sinnvolles, motiviertes Leben. Wobei „sinnvoll" und „motiviert" eben nicht bedeuten: „logisch durchschaubar", „rational planbar". Der ständige Austausch zwischen Methode und Weg, zwischen rationalem Planen und intuitivem Sich-Führen-Lassen kann symbolisch wie psychologisch als Zusammenspiel zwischen rechter und linker Hand verstanden werden. Aus solchen Zusammenspiel wird jenes „spielende Gelingen" hevorgehen, bei dem Ich-Bewußstsein und überpersönliches Schicksal nicht mehr zu trennen sind. Die integrale Verwirklichung voller Existenz, die wir bei allen wahren „Meistern" bewundern!

Tun des Nicht-Tuns

Die Realisation der vollen Existenz im Wu-Wei-Wu, dem „Tun des Nicht-Tuns", macht eine Frage überflüssig, die immer wieder zu Diskussionen Anlaß gibt. Die Frage nämlich, ob eine Methode, welche die Kontemplation betont, oder eine solche, welche das aktive In-der-Welt-Handeln betont, vorzuziehen sei. Diese Frage wird überflüssig, weil unter dem Gesichtspunkt der Integration von Methode und Weg eine theoretische Methodik nicht vorzustellen ist, die mit der Reise nach Innen aufhören will und die praktische Verantwortung fürs Außen scheut. Eine Methodik, die nicht den ständigen Kreislauf von Innen und Außen, Ewigkeit und Zeit, Theorie und Praxis neu nachzuvollziehen hilft, bleibt auf halbem Weg stehen und vergißt, dass wir alle in unserem materiellen und spirituellen Dasein mit dem Geschick der gesamten sich wandelnden Menschheit auf der Erde verflochten sind. Unser Weg ist ein gemeinsamer. Das Tun eines jeden einzelnen im privaten, sozialen oder ökologischen Bereich ist ein verantwortungsmäßiges Moment in der Bewegung der Gesamtevolution. Aus dem Erlebnis des Wu-Wei-Wu, dem spielend-verantwortungsbewußten Zusammenklang von Weg und Methode, wird eine Verbindung von esoterischer und exotischer Haltung unentbehrlich. Das schöpferische Zusammenwirken des lebendigen Geistes im Kosmos mit dem lebendigen Geist im Menschen zielt somit auf eine neue Ethik. Deren erste Manifestationen sind bereits verschiedentlich zu beobachten. Solche Ethik hat das Loslassen gelernt – hat genug vom Besitzenwollen, vom Raffen, von der rastlosen Gier, dem Herrschen und Verfügenwollen. In der Hingabe an die überpersönliche Einheit hat die neue Ethik die Relativität des eigenen Wollens, der eigenen Person erfahren, ohne diese Person aufzugeben. Handeln geschieht im Sinne dieser Ethik von einer Position aus, die sich zugleich am Rande der Ewigkeit und ganz im geschichtlich-weltlichen Augenblick befindet. Das heißt: geschehen lassen, was geschieht, und doch tun, was zu tun ist.

Dass es für eine solche Ethik kein festgelegtes System des Verhaltens geben kann, versteht sich wegen des aufgezeigten Verhältnisses von spontanem Weg und planvoller Methode von selbst. Methodisch-ethische Bemühung in herkömmlicher Weise werden hier nicht weit führen. Was heute richtig ist, kann morgen falsch sein. So muss die neue Ethik durch methodische Offenheit, durch Mut zur Kreativität gekennzeichnet sein. Aus der spirituellen Durchdringung äußerer Wirklichkeit erst kann jenes motivierte Leben sich entfalten, welches Fragen nach Sinnfindung und Einheit, Fragen nach schöpferischer Evolution und Geist nicht in abgesonderte, sakrale, feiertägliche Bereiche verweist. Als ob das mit der übrigen alltäglichen Wirklichkeit nichts zu tun hätte! Nicht eine andere Wirklichkeit wird bei „spiritueller Erfahrung" gefunden, sondern die vorhandene Wirklichkeit eröffnet neue Dimensionen.

Gemeinschaftsaspekt von Weg und Methode

Das Zusammenspiel von methodischem Voranschreiten und kreativem Sich-dem-Weg-überlassen, als Bewußtseinserweiterung und daraus entspringender neuer ethischer Haltung, ist wohl die Aufgabe der Menschheit für die Zukunft. Doch sollte noch einmal betont werden, dass die Menschheit nicht ohne einzelnen Menschen zu denken ist. Und umgekehrt: der Einzelne ist zwar Träger einer ganz konkreten, einmaligen Entwicklungsphase des lebendigen Geistes – er kann dies aber nur sein als Teil der Gemeinschaft mit anderen Menschen. Jenseits von vereinsamendem Individualismus und vermassendem

Kollektivismus bilden sich Gemeinschaftsformen heraus, in denen der konkrete einmalige Mensch mit dem anderen konkreten einmaligen Menschen, durch ihn und für ihn, die Wirklichkeit gestaltet. Gemeinschaften dieser Art sind nicht streng methodisch organisiert, sie sind aber auch nicht bloß beliebiger Zufälligkeit überlassen. Sie verwirklichen auf sozialer Ebene den Zusammenhang von Methode und Weg. Man mag sie jenen neuen Orden vergleichen, die Goethe oder Hesse beschrieben haben. Die Menschen dieser Orden stammen aus vielen Gegenden der Erde. Sie nehmen verschiedene Plätze in der alltäglichen Wirklichkeit ein, oft in verschiedensten sozialen Bereichen. Gemeinsam ist ihnen, dass die alltägliche Wirklichkeit für sie durchsichtig geworden ist: sie haben eine überpersönliche, übernationale, auch überzeitliche und überräumliche Dimension entdeckt. Das Bewußtsein dieser Dimension verbindet sie miteinander – und damit die Sehnsucht nach Verwirklichung der Einheit. Sie alle befinden sich auf der Suche danach.

Der Ausgangspunkt bei dieser Suche ist für jeden anders - entsprechend seiner Herkunft und seiner konkreten persönlichen Situation; auch die Ideen, an denen jeder sich ausrichtet, die inneren Bilder und Symbole, die ihn motivieren, die angewandten Übungsmethoden sind verschieden. Die Verschiedenheit ist freilich nicht trennend. Weil die Gleichheit in der Verschiedenheit gegenwärtig ist: die Liebe! Im Austausch und Vergleichen von Elementen der Religion, Weisheit, Wissenschaft und Kunst aus aller Welt, in Besinnung und gemeinsamer Orientierung, im festlichen zelebrierten Miteinandersein, im Mitgefühl füreinander, wird die Gemeinschaft lebendig, sodass sie Zukunft verwirklichen kann. Ein Abbild der dynamischen, vielfältigen Einheit des Geistes! Einer Einheit, die nicht statisches Einerlei ist, sondern alle Fülle der Existenz als Sein und Werden in sich birgt.

Auch die dunklen Seiten, das Leid! An den Schatten-Seiten der Existenz vorbei verläuft kein Weg. Eine Methode, die das verleugnen würde, wäre einseitig. Wenn deshalb jemand einwendet: die offene Annäherung an die Einheit, das dauernd neue Vermitteln zwischen Wollen und Geschehenlassen, wobei Methode und Weg einander fortwährend motivieren – diese Annäherung sei ungewiß, unsicher, verschlungen, führe womöglich durch Leid und Zweifel; wenn jemand diese Einwände hat, so müßte die Antwort darauf lauten: Ja, Ungewissheit, Unsicherheit, Irren, Leid und Zweifel sind Teile des Wegs.

Sichere Methoden der Suche, die nur Licht, Klarheit und Wohlgefallen garantieren, gibt es nicht.

Suche nach dem Gral

Die Erzählung von Parzival, der den Gral sucht, handelt davon. Zum Gralsorden, einer übernationalen, überindividuellen, Frauen und Männer, Alte und Junge umfassenden Gemeinschaft, ist der junge Parzival einst zufällig geführt worden. So wie wir alle einmal in Traum, Sehnsucht, vorgeburtlicher Erinnerung in der Einheit waren. Das Leben führt Parzival dann in die Welt der Gegensätzlichkeit, in Genuß, Leid, Zweifel und Glück. Er erreicht viel in dieser Welt: Ehre, Macht, Liebe. Doch das alles kann seine wirkliche Sehnsucht nicht erfüllen, ihn nicht von seiner Zweifelsnot befreien. Er will die tiefere Dimension seines Lebens wiederentdecken, die Fülle seiner Existenz wahrnehmen. Er macht sich auf die bewußte Suche nach dem Gral. Er bereist alle bekannten Straßen und Pfade, er experimentiert – so könnte man sagen – mit allen überlieferten Methoden. Doch: keine Spur vom Gral.

Schließlich verirrt er sich mit seinem Pferd in einem Wald. Fast verzweifelt er jetzt. Und da geschieht der wichtigste Moment seiner Entwicklung: er läßt die Zügel los, sagt zu seinem Pferd: „Ich hab alle Richtungen versucht; lauf du nun hin, wohin du willst!“ Das Pferd trägt ihn zu dem alten Meister, der ihn in den geheimen Sinn seiner leidvollen Entwicklung einweiht und ihm den Weg zum Gral zeigt.

Für jeden einzelnen und für alle geschieht der Zugang zur Einheit, die Sinn bedeutet, immer erneut angesichts scheinbar aussichtsloser katastrophaler Situationen: im Loslassen des eigenen Wollens, im Sich-Führen-Lassen von der Kraft, die mehr weiß als unser bewußtes Planen und methodisches Wollen. Doch ist dieses Loslassen und Geschehenlassen eben etwas anderes als Gehenlassen, es bedeutet keinesfalls den trägen Verzicht auf die Suche. Die Hingabe an die offene Weite der Einheit ist das paradoxe Ergebnis der methodischen Suche im Mannigfaltigen. Die Hingabe geschieht an dem Punkt, wo Kungfutses Methode und Laotses Weg zusammentreffen, im einen TAO.

TAO UND TECHNIK

I. Körperarbeit und Sinnsuche

Seit Jahren wächst bei uns der Erfolg östlicher Übungsdisziplinen. Dass immer mehr Menschen Yoga oder Tai-Chi betreiben wollen, entstammt dem Bedürfnis breiter Bevölkerungsschichten nach körperlicher Fitneß, dem auch westliche, sporttherapeutisch entwickelte, mit maschineller Unterstützung arbeitende Bewegungsprogramme ihre Popularität verdanken. Umso wichtiger ist es, die Unterschiede in Methode und Ziel zu erkennen. Die Verschiedenheit, die sich übrigens ähnlich beim Vergleich östlicher Meditationsübungen mit westlicher Psychotechnik, autogenem Training etwa, darstellt, hängt mit einem zugrunde liegenden anderen Menschenbild zusammen.

Westliche Übungsprogramme zielen konzentriert auf spezielle, deutlich erforschte Segmente der menschlichen Physis oder Psyche. Einzeln erkennbare Fehlentwicklungen sollen behoben, oder ihre Entstehung soll verhindert werden. Unserem wissenschaftlich-rationalen Denken entspricht die Vorstellung von planbaren, reibungslosen technischen Abläufen. Der Mensch soll gemäß diesem Modell in seiner alltäglichen Umwelt funktionieren. Mit dem dabei empfundenen Wohlgefühl, das sich ähnlich beim Lenken eines gutlaufenden Automobils einstellen mag, haben die westlichen Methoden ihr Ziel in seelischer Hinsicht meistens erreicht. Nach dem Sinn des Funktionierens, gar nach dem Sinn der vorgefundenen Alltagswelt in ihrem bloßen Sosein wird nicht gefragt. Diese Frage beträfe philosophisches und religiöses Gebiet, das - wissenschaftlichem Denken zufolge - von der materiellen Welt der Physis abgetrennt ist.

Anders sieht es bei den Disziplinen aus, die östlichen Traditionen entstammen. Sie stehen nicht nur in enger Verbindung mit Psychologie und Religion, sondern – wie etwa noch im antiken Griechenland - bilden mit diesen zusammen ein untrennbares Ganzes, das den Menschen als Ganzen, theoretisch wie praktisch, betrifft. So geht es bei ihnen auch nicht in erster Linie darum, getrennte Aspekte der körperlichen oder seelischen Beschaffenheit eines Menschen im Detail zu adaptieren oder zu reparieren, sondern um eine veränderte Grundhaltung des Menschen im Bezug auf seine Existenz und deren Sinn. Wie die neue Grundhaltung konkret als Körperhaltung, als Verhalten im Alltag, als durch den Atem pneumatisch vermittelte innere Einstellung allmählich zu geklärtem Fühlen und Denken führt, ist das ganzheitliche Anliegen östlicher Methoden. Körperübung, Alltagsbewältigung und Meditation sollen verbunden werden.

* * *

Nun trifft zwar zu, dass bei uns die meisten Menschen Zugang zu östlichen Übungsprogrammen aus dem Bedürfnis nach körperlicher Fitness heraus suchen; doch darf nicht übersehen werden: dahinter verbirgt sich oft ein zweites, nicht so deutlich bewußtes Anliegen. Gerade weil es fast unbewußt ist, kann sich dieses Anliegen zunächst gar nicht anders als durch stumme Körpersprache mitteilen. Die zahlreichen Forschungen auf dem Gebiet der Psychosomatik lassen keinen Zweifel darüber zu, dass seelisches Geschehen sich körperlich äußert und umkehrt. Innere Unruhe und Furchtsamkeit etwa bringen eine spezifisch angespannte verkrampfte körperliche Verfassung hervor. Indem die Menschen also etwas für ihren Körper tun wollen, enthüllen sie mehr oder weniger bewußt auch ein seelisches Bedürfnis. Konfrontiert mit einer solchen körperlichen Verfassung, wird man bald auf die dazugehörigen seelischen Vorgänge stoßen. Der Blick wird dann auch tiefer reichen: hinter Unruhe und Furchtsamkeit mag man eine Grundstimmung von Angst wahrnehmen, die keine psychologischen Wurzeln mehr hat, sondern sorgendes Fragen nach dem Sinn der menschlichen Existenz überhaupt ist. Insbesondere Menschen ohne religiösen Hintergrund sind häufig nicht darauf vorbereitet, mit den metaphysischen Grundfragen von Leben und Tod umzugehen, auf denen die Glaubensgebäude der verschiedenen Religionen errichtet sind und die in unserer gegenwärtigen Zivilisation aus dem öffentlichen Bewußtsein weitgehend ausgeblendet bleiben. Dies bedeutet, dass die Frage nach dem Sinn des eigenen Daseins, die jeden einmal in seinem Leben, spätestens am Lebensende, einholt, zum ebenso hartnäckig mahnenden, wie verdrängten Problem wird.

Hier liegt die Chance der östlichen Methoden zu einem entscheidenden Beitrag in unserer Gegenwartswelt. Zwar ist es nicht möglich, die metaphysischen Inhalte der östlichen Lehren automatisch auf unsere moderne Wirklichkeit zu übertragen, doch ist schon einiges erreicht, wenn östliche Methoden aus der Einstellung heraus unterwiesen und geübt werden, dass dabei nicht nur körperliche Vorgänge stattfinden, sondern dass – wie es dem Wesen dieser Methoden entspricht – zugleich wechselwirkend auf seelischer und geistiger Ebene etwas geschieht. So kann der Übende über seine bloß fragmentarisch erlebte Existenz hinausfühlen in eine umfassendere Dimension. Aus solcher Erfahrung wird dann eine weitere Erkundung der geistig-seelischen Wirklichkeit motiviert und deren bewußtseinsmäßige Integration ins Alltagsleben.

* * *

Denkbar ist, dass im Interesse einer produktiven Synthese östlicher und westlicher Erfahrung die Kenntnisnahme östlicher und westlicher Übungsprogramme voneinander in Zukunft zunimmt. Wissenschaftliche Einzelergebnisse psychosomatischer, bewegungstherapeutischer und sportwissenschaflicher Forschung können die alten Methoden – wie das in China beispielsweise schon geschieht – für die Bedingungen des modernen Lebens verfeinern und anpassen, ohne dass dabei das überlieferte Modell des unablöslichen Miteinander von körperlicher, seelischer und geistiger Übung aufgegeben würde. Andererseits würde die messende, technisch-manipulierende, auf Detailaspekte fixierte westliche Fitness-Bewegung sich in eine neue Richtung orientieren können, mit dem Ziel der Grunderfahrung einer sinnvollen Ganzheit menschlicher Existenz. Das Bedürfnis nach dieser Erfahrung ist, wenn jetzt auch nicht ebenso bewußt wie in früheren Zeiten, sicherlich nicht weniger verbreitet wie dasjenige nach körperlicher Funktionstüchtigkeit.

II. Meditation: abgeschaltetes oder lebendiges Denken? [15]

Häufig ist zu hören, bei der Meditation solle das Denken „ausgeschaltet" werden. Wer so redet, setzt – wie meistens die moderne Psychologie und Medizin – den menschlichen Organismus mit einer Maschine gleich. An oder mit der Maschine kann geschaltet werden. Ist es jedoch erstrebenswert, dass auch am oder mit dem Menschen geschaltet werde: Ein-, aus-, gleichgeschaltet?

Wenn Ausschalten des Denkens bei der Meditation gefordert wird, so schwingt aus dieser Forderung – vielleicht oft unbewußt – Verachtung der Autonomie des konkreten menschlichen Organismus mit; ebenso eine Herabsetzung der spezifischen menschlichen Bewußtseinsfähigkeit des Denkens. Meditation als eine geistige Übung, zu der auf verschiedene Weise bei allen großen Weisheitstraditionen der Menschheit angeleitet wird, steht mit Denken in engster Verbindung.

Denken – neben sinnlicher Wahrnehmung, Fühlen, Vorstellen, Wollen eine der grundlegenden Seelenkräfte – nimmt eine zentrale Stellung in den Weisheitstraditionen ein. Ja, Weisheit selbst hat wesentlich mit Denken zu tun, auch wenn sie nicht bei ihm endet oder mit ihm zusammenfällt, sondern es zu einem undenkbaren Mehr hin übersteigt. Wie bewußte Körperübung, bewußter Umgang mit Gefühlen und innerer Bilderwelt ist der bewußte Bezug zur eigenen Denkfähigkeit eine Vorbedingung vollen Wirklichkeitserlebens. Zum Bewußtsein des Bewußtseins vordringen – oder wie Hegel es philosophisch formuliert hat: zum „Begriff des Begriffs“ – ist ein Anliegen echter Spiritualität.

Dies gilt, soweit die klassischen Quellen herangezogen werden, auch für Yoga. Ebenso wichtig wie Pflege von Körperbewußtsein ist im Yoga eine klärende Auseinandersetzung mit dem „Cittam“-Bereich, der ungefähr dem entspricht, was wir unter dem Bereich der psychischen Funktionen verstehen. Ohne dass die „Seelenkräfte aus der Zerstreuung heraus gesammelt werden“, meinte Meister Eckhart, seien sie unfähig,. „inwendig ihr Werk zu tun“.[16] Im Yoga entspricht diese „Sammlung“ oder Rückführung der Seelenkräfte zum gemeinsamen Bewußtseins-Ursprung den Übungsstufen „Pratyahara“ (Zurückziehen der Sinne von der Erscheinungswelt), „Dharana“ (Sammlung des Bewußtseins auf einen Gegenstand), „Dhyana“ (Versenkung in den Seelengrund). Diese Stufen sind zwar theoretisch in einem Nacheinander angeordnet, entfalten ihre Wirkkraft aber wohl nur in einem ständig fließenden Miteinander. Klärung des Bewußtseins von konkret-individueller Erfahrung her wird zur erhellenden Erfassung wesentlicher Wirklichkeit. Die Intention der bei Dharana und Dhyana geforderten Konzentration und Wesensschau hat dabei im erkenntnistheoretischen und phänomenologischen Denken der abendländischen Tradition eine Parallele.

Die Konzentrations- und Meditationsübungen des Yoga fordern also nicht zu einem mechanischen Abschalten des Denkens auf, sondern wie im Buddhismus, Taoismus und dem beide verbindenden Zen geht es darum, zu lernen, den Bewußtseinsstrom, in dem alles mitschwimmt, was an Erinnerungen, Eindrücken, Vorstellungen, Gedankenfetzen gerade „durch den Kopf geht", zu klären und zu beruhigen. Und zwar so, dass nur noch tragfähigste Gedanken übrig bleiben, die schließlich zu einem Bewußtseinsraum leiten, wo es keine gesonderten Gedanken mehr gibt. Oder ein anderes Bild: der Wald von Bedeutungsschildern, der uns außen und innen umgibt, wird nach und nach zurückgelassen, um zu letzten Wegmarken des Denkens zu gelangen: Welt und Ich, Stoff und Kraft, Yin und Yang, Brahman und Atman. Die letzten sind zugleich die ursprünglichsten Begriffe, weil sie nicht bloß Begriffe sind, sondern ebenso körperliche und gefühlsmäßige Erfahrungen, die zur Gegenwart des einen Seins hinführen.

Jenseits der letzten Wegmarken nämlich eröffnet sich dem Bewußtsein die weite Leere der Begrifflosigkeit. In der reinen Unmittelbarkeit des Seins sind die denkend-sprachlichen Trennungen oder Benennungen von Erfahrung aufgehoben. Denken, Fühlen, Wahrnehmen, Wollen sind hier eins in einem Daseinsraum, der materielle, seelische und geistige Welt gleichermaßen umfaßt. „Am Anfang von Himmel und Erde gab es keine Wörter. Erst als die Dinge sich lösten vom gemeinsamen Wurzelgrund, bedurfte es der Wörter zur Unterscheidung." (Laotse)

* * *

In den Bereich des Schweigens und der Begrifflosigkeit zielt lebendiges Denken. So kann es zu lebendig-schöpferischem Tun werden. Das Verlernen zu lernen, zu wissen, dass man nichts weiß. Wie für Laotse begann für Sokrates damit die Weisheit. Und dem Zen-Schüler tut sich erst, wenn er bis an die Grenze des Denkens gedacht hat, die wesentliche Erkenntnis jenseits des Denkens in der Einheit von Bewußtsein und Handeln auf. „Das Unberührbare unberührenderweise berühren", ist nach Nikolaus von Cues, dem von Meister Eckhart beeinflußten Denker, die Aufgabe der Vernunft. Er wies damit der deutschen Philosophie einen Weg, der über Kant, Hegel, Schopenhauer, Husserl bis zu Wittgenstein und Heidegger verfolgt wurde. Das Denken wurde aktiv in dieser Richtung geübt, bis es sich selbst als Aktivität vergessen konnte, um ruhig-wach die Berührung von persönlichem und individuellem Geist geschehen zu lassen. Das Denken wandelte sich zur „Andacht des Sein" (Heidegger): nicht mehr ein

Ich denkt dabei etwas, sondern Ich und Gedachtes sind zur Seins-Erfahrung geworden. Dichten, Denken und Meditieren wurden als verwandt entdeckt.

Diese Erfahrung kann jedoch nicht erschlichen werden durch Aufgabe des Ich im Sinne von Abgeben eigener Denkverantwortlichkeit. Gerade wer angesichts einer bedrohlichen Gegenwartssituation standhalten will, der wird das Denken nicht als etwas Negatives ausschalten wollen, sondern es als Weg begreifen zu einem hellen wachen Schweigen. In diesem gelingt die Verbindung mit einer Kraft „jenseits aller Vernunft". Sie befähigt zur Meisterung von Gefahr. Die einseitige Entwicklung des westlichen Denkens (z. B. Überhandnehmen abstrakter Begrifflichkeit; Loslösung von sinnlicher Erfahrung; Einengung auf starr-logische Definitionen; Herrschaft operationalen Verstandes) kann durch meditative Praxis aufgefangen werden. Die planetarische Wandlung der menschlichen Situation fordert heute vielfältige geistige Synthesen. Vor allem eine von Ost und West. Unsere Schulen und Universitäten tragen dazu noch wenig bei. Weiterhin stehen eine einseitig mentale Ausbildung im Zentrum der westlichen Erziehungssysteme.

Umso mehr sollte in unabhängigen Gruppen die Integration von Körper, gefühlsmäßiger und denkender Wahrnehmung gefördert werden. Aus mehrjähriger Erfahrung mit Menschen verschiedenster Bildungs- und Altersstufen weiß ich, dass es möglich sein kann, Körper-, Selbsterfahrungs- und Kreativitätsübungen mit Übungen zu verbinden, welche Grundinhalte und Grundformen des Denkens pflegen. Texte von Denkern aus Ost und West, die „vom Ursprung her" gedacht haben, erwiesen sich dabei als hilfreich. Zu diesen Texten – etwa aus dem I-Ging, von Laotse, Meister Eckhart oder Heraklit – kann ohne besondere Vorkenntnisse jeder über eigenes Fühlen und Denken rasch Zugang finden. Die kontemplativ-kreative Beschäftigung mit solchen Texten unterstützt eine Klärung des Bewußtseinsstroms und eine Orientierung der Bewußtseinsinhalte. Lebendiges Denken, das Philosophie und Meditation verbindet, mag eine Gegenkraft werden zum schaltbaren und schaltenden Denken der Maschinen, von dem mehr und mehr unsere Situation geprägt wird. Behutsam-schöpferisches Handeln wäre die Folge solchen lebendigen Denkens.

III. Technik und Gefühl

Bei allem Denken und Meditieren geht es darum, zur Erfahrung von Sein vorzustoßen. Doch was bedeutet „Sein" - und wie bietet es sich uns heute dar?

„Sein" ist Ursprungswort; es stammt aus der allen indogermanischen Sprachen gemeinsamer Wurzel es-. Diese ist jedoch nur in den Präsensformen von Indikativ und Operativ möglich; für die übrigen Formen tritt ergänzend bereits im Gotischen das starke Verb wisan = wesen ein, in der emphatischen Bedeutung von anwesend-sein, geschehend-existieren. Sein, durchs we- des Werdens verstärkt, wurde: werdendes Sein, somit als für uns auch schon immer Gewesenes. Beim Atmen wird Sein als wirkend-lebendiges Wesen, in der zeitlichen Spannung von Werden und Vergehen, körperlich am deutlichsten erfahren. In vielen Sprachen meinen die Begriffe Seele und Geist ursprünglich etwas wie Luft, Wind, Dunst, Hauch, stehen also in Bedeutungsnähe zu Sein und Wesen. Bis heute versteht man unter dem Plural „Seelen" und „Geister" die Wesenheiten Verstorbener, welche - ähnlich der Luft – zugleich erscheinend-anwesend und materiell doch nicht greifbar sind. Tod und Leben, Diesseits und Jenseits, Vergangenheit und Zukunft waren für die Menschen früherer Zeiten nicht im gleichen Maße Gegensätze wie für uns; sie waren Pole des währenden, gegenwärtig atmenden Seins.

So war auch die seelische Wirklichkeit mit ihrem vielgestaltigen Gefühlskosmos zweipolig. Als numinose Macht wirkte sie aus dem Innern der Lebenden ebenso wie aus dem Totenreich. Seelisches konnte sich sogar unabhängig vom menschlichen Bereich in der Außenwelt bewegen, sich Tiere, Pflanzen, Steine, Seen oder Berge zum Aufenthaltsort wählen. Nymphen, Sirenen, Dämonen, Faune, Elfen, Trolle, Engel, Götter - manche mehr dem Leben, andere mehr dem Tode zugewandt – waren zunächst alle ähnlich unfaßbare Wesen, die in und um den Menschen beschützend oder bedrohlich wirkten. Überall war gestaltgewordene seelische Wirklichkeit zu erfühlen.

Monotheismus und Philosophie, auf Vereinheitlichung und Abstraktion zielend, faßten das Gemeinsame der vielen Seelen und Geister ins Auge. Wie aus Göttern Gott, so wurde nun aus Seelen und Geistern d i e Seele und d e r Geist. Ihre Gebiete galt es, definierend abzustecken, und vor allem gegenüber dem Körper und der materiellen Außenwelt musste man eine deutliche Grenze ziehen. Von Platon bis zum Beginn der Neuzeit hat sich die Dreiteilung der Seinsregionen in Körper/Seele/Geist durchgesetzt, wobei die Seele als Zentrum des bewußten Seins zwischen der sterblich-materiellen Sphäre des Körpers und der unsterblich-universellen Sphäre des Geistes vermittelte und so zum eigentlichen Sitz der Gefühle wurde.

* * *

Die Einengung des Geistbegriffes auf die Bedeutung einer Bewußstseinsfunktion, nämlich des erkennenden Denkens, also die Gleichsetzung von Geist und Intellekt, erfolgte dann im Zuge des Rationalismus. Parallel dazu wurde die Trennung vom Körper als vom Intellekt beherrschter, materieller Maschine absolut (Descartes). Als Gegenreaktion wurde der kalt-berechnende Geist der Neuzeit immer wieder bekämpft als „Widersacher der Seele“ (Klages). Deren gefühlsmäßig-intuitive, schöpferisch-mythische Kräfte sollten als Gegengift gegen die nivellierende Entzauberung der Welt eingesetzt werden. Doch die Erweckung eines neuen Mythos, eine kollektive Gefühlskultur, scheiterte - am spektakulärsten im Nationalsozialismus. Ebenso scheiterte der aufklärerische Glaube an die Humanität von Wissenschaft und Fortschritt – am kläglichsten im Sowjetsozialismus. Übriggeblieben ist ein Kapitalismus, der sich weder auf Seele noch Geist gründet.

Inzwischen sind folglich beide Begriffe, Seele und Geist, aus dem philosophischen und wissenschaftlichen Vokabular verschwunden. Ihre Wirkkraft scheint erschöpft. Das ewig neue Sein als wissend-wollendes Wesen der Welt hat sich andere, bisher unbekannte Dimensionen in kleinsten und weitesten Räumen von Bewußtsein und Materie als Wirklichkeit eröffnet. Tiefenpsychologie und Physik versuchen, dorthin begreifend vorzudringen. Im Grunde jedoch steht der heutige Mensch den dort wirkenden Kräften so ratlos-ohnmächtig gegenüber wie sein „wilder“ Vorfahre einst den Geistern und Seelen, die in ihm und um ihn westen. Magisch-mythische Beschwörung, mental-philosophische Erklärung oder wissenschaftliche Beherrschungspläne vermögen da nichts. Manche befürchten, das wissend-wollende Sein wese als Wirkendes bereits jenseits des Menschen in der interplanetarischen und subatomaren Technik. Ist der Mensch lediglich noch zur operativen Durchführung des technischen Willens bestellt? So fragte in den fünfziger Jahren Heidegger.[17] Thomas Mann sprach damals provozierend von einer „Menschheit, welcher der kosmische Raum gerade recht ist, strategische Basen darin anzulegen, und die Sonnenkräfte äfft, um Vernichtungswaffen frevlerisch daraus herzustellen“, und klagte über die „von Verdummung trunkene, verwahrloste Menschheit“, die „unterm Ausschrein technischer Sensationsrekorde ihrem schon nicht mehr ganz ungewollten Ende“ entgegentaumle.[18] Um wieviel drastischer wird sich die Sorge um den Verlust des menschlichen Wesens unter technologischer Herrschaft heute äußern müssen! Und wieviel dringender stellt sich die Frage: gibt es eine gleichgewichtige, menschliche Gegenkraft, die gegenüber dem Wirken der Technik seinsmäßig sich behaupten kann?

* * *

Technik und die ihr zugeordnete moderne Wissenschaft sind nur möglich unter der Bedingung des „ausgeschalteten“ subjektiven Empfindens und Fühlens, also bei Vernachlässigung der je unmittelbar gegebenen Daseinswirklichkeit des je einzelnen Bewußtseins. Ist deshalb Gefühlswirklichkeit – darunter sei alles von der Lust-Schmerz-Empfindung über nichtsinnliche und nichtbegriffliche Wahrnehmung, Emotion, Leidenschaft, bis hin zu Kunstgenuß, religiöser Ahnung und Erleuchtung verstanden – ist diese Gefühlswirklichkeit angesichts der Objektivierung des Seins durch Wissenschaft und Technik dem Wesen des Seins entschwunden?

Keineswegs. Seltsam unentwickelt freilich sind die Gefühle im Vergleich mit der übrigen Veränderung der Welt geblieben. Das zumindest hat uns die umfangreiche tiefenpsychologische Forschung gelehrt. Zwar hat der technologische Zugriff die Gefühle nicht verschont. Sie werden technisch-wissenschaftlich manipuliert; Kommerz, Werbung und Bewußtseinsindustrie verwerten sie. Doch sie selbst verharren in unbegreiflicher Archaik. Die Psychologie, in deren Gebiet sie als Forschungsgegenstände fallen, konnte das Wesen der Gefühle nie definieren. Man musste sie entweder feinsten Körperreaktionen oder undeutlichsten mentalen Vorgängen zuordnen und wußte zwar viel über auslösende Reize und über Wirkungen zu sagen, nichts aber über ihre je gegenwärtige Wirklichkeit.

So bietet sich das paradoxe Bild einer in winzigsten Bits verfeinerten, über entfernteste Raumstationen, in kürzesten Zeitspannen operierenden Kommunikationstechnologie, die Gefühlsinhalte übermittelt, deren Rohheit – man brauche nur das Fernsehprogramm eines einzigen Tages zu befragen – derjenigen entspricht, die in römischen Zirkusarenen geherrscht haben mag, und deren Sentimentalität einem Rührstück des achtzehnten Jahrhunderts Ehre machen würde. Menschen, die zum Mond reisen oder künstliche Babies erzeugen können, sind von Ängsten besessen wie die Zeitgenossen der biblischen Sintflut; sie sind von Eifersucht, Neid und Haß geplagt wie Helden der Shakespearedramen; und in der Liebe benehmen sie sich kaum anders als Casanova oder Madame Bovary. Jedesmal aber, wenn Gefühle „ausbrechen", sich also in Verbrechen, Revolten und Kriegen der Kontrolle des emotionslosen Apparates entziehen, bekennen sich die wissenschaftlich-technischen Exponenten des Apparates als „fassungslos".

* * *

Dass Gefühle – zumal die tiefsten und höchsten, nämlich Angst, Ehrfurcht, Freundschaft und Liebe, Freude, Erleuchtung – dem Bewußtseinsstand von Wissenschaft und Technik angeglichen werden könnten, dass Mystik und Ratio sich in einer Seinsregion träfen – dies war die Utopie vieler Denker und Künstler seit dem neunzehnten Jahrhundert. Als Experiment konsequent durchgeführt hat den Versuch dieser Verbindung in den dreißiger Jahren der Ingenieur und Psychologe Robert Musil mit seinem Fragment gebliebenen Roman „Der Mann ohne Eigenschaften" – und hat damit zugleich das Scheitern der Utopie demonstriert.

Das Scheitern ist hier übrigens ein Gewinn für die Erkenntnis geworden: Technik kann nicht durch Gefühle gebändigt werden oder umgekehrt; ebensowenig kann sich eines ins andere verwandeln. Es handelt sich um Gegenkräfte, die zusammenwirken – also anwesend-währen, geschehend-existieren – um das Wesen unseres Menschen-Daseins zu konstituieren. Dass im Kräftespiel die Gewichte gleich verteilt werden, darum geht es: YIN und YANG im einen TAO. Der Technik als dem wissend-wollenden Wesen der gegenwärtigen Welt müßte als deren fühlend-geschehenlassendem Wesen eine ebenbürtige Ästhetik selbstbewußt entsprechen. Nicht als wissenschaftliche Theorie, sondern als Praxis, als Kultur des Fühlens. Kunst im weitesten Sinn: Lebens- und Sterbenskunst, Liebeskunst, schöne Kunst, Kunst der Andacht und vieles mehr würde eine solche Ästhetik einschließen. Sie besänne sich darauf, dass sie mit der Technik den Ursprung gemeinsam hat.

Auf den gemeinsamen Ursprung von Ästhetik und Technik bei den Griechen hat bereits Heidegger [19] aufmerksam gemacht mit dem Hinweis auf die Bedeutung des

Wortes TECHNE als Kunstfertigkeit und damit ebenso als Begriff des technischen wie künstlerischen Wollens. Indem die nicht begrifflich faßbare, nicht materielle, aber gefühlte Wirklichkeit zur sinnlichen Erscheinung gebracht wird, üben die schönen Künste den klärend-beschwichtigenden, ebenso wie schöpferisch-aktivierenden Umgang mit Gefühlen. Die Übung führt zum unterscheidenden, seiner selbst mächtigen Fühlen als bewußtem Wirklichkeitsfaktor.

Nicht mehr mechanisch bewegt, technologisch bestellt wird die Wirklichkeit dann erlebt, sondern vielfältig pulsierend, atmend. Unser Denken wird nicht mehr abstrakt unsere Erfahrung übersteigen, sodass wir angstvoll zwischen Körperimpuls und Reflexion, Todesfurcht und Optimismus verstört hin und her wechseln müssen. Eine Mitte der Sicherheit wäre im Gefühl zu finden – „Schwerpunkt der Seele" nannte sie Heinrich von Kleist. Wie wir diesen heilsamen Gegenpol zur zerstörerischen Technik schließlich nennen werden, wenn dessen Wesen in unserem Dasein heimatlich geworden sein wird – das kann jetzt noch nicht gesagt werden.

ZWEITER TEIL: LOGOS

Der delphische Gott ruft euch seinen Spruch entgegen: „Erkenne dich selbst“. Es ist ein schwerer Spruch: denn „jener Gott verbirgt nicht und verkündet nicht, sondern zeigt nur hin“, wie Heraklit gesagt hat. Worauf weist er euch hin?

Friedrich Nietzsche

I. HERAKLIT HEUTE

Bruchstücke

Von Heraklits Buch, das während der Antike verbreitet und berühmt war, kennen wir nur noch etwa 125 Zitate in Schriften späterer Philosophen. Solche Zitate sind, da aus ihrem ursprünglichen Zusammenhang herausgebrochen, Bruchstücke. Über ihren ursprünglichen Zusammenhang wissen wir nichts. Sicher war er verschieden von der Folgerichtigkeit eines platonischen Dialogs oder der Geschlossenheit einer aristotelischen Abhandlung. Das Kreisen um einzelne Schlüsselbegriffe und zentrale Themen wie bei Lehrgedichten oder Spruchsammlungen mag dem Gattungsmuster der Heraklitschriften nahegekommen sein.

Vermutlich war also Heraklits Texten bereits in ihrer ursprünglichen Gestalt ein aphoristischer Zug eigen: das Werden und Vergehen von Gedanken, wie es beim lebendigen Denken geschieht, wäre dann in der Darstellung des Gedachten widergespiegelt gewesen. Nicht überschaubarer argumentativer Fortgang oder logischer Zusammenhang hätten des Denkens Einheit gestiftet; die Einheit wäre als verborgene Harmonie in den disparaten Einzelstücken jeweils nur momentan gelichtet gewesen und dem Blick ebenso rasch wieder entzogen worden. Solche verborgene Harmonie ist nach Heraklits Meinung stärker als die leicht erkennbare Harmonie äußeren Zusammenhangs (Fr.54).

Jedenfalls bleibt die Verbindung der Heraklit-Fragmente zu einem Ganzen rätselhaft. Wer immer die Fragmente zusammenstellt – und dadurch ihre verborgene Harmonie zum Klingen bringen möchte – , versucht e i n e von unabsehbar vielen Lösungsmöglichkeiten eines Rätsels, das vielleicht von Heraklit als solches gedacht war. Der gegenwärtig Denkende bringt in dieses Denkspiel ebensoviel eigenes Denken wie er Gedachtes von Heraklit darin entdeckt. Um schließlich zu erkennen, dass sein

Bemühen auch Bruchstückwerk bleiben muss! Und dies ist für den angestrebten Wahrheitsgehalt der Bemühung sogar von Vorteil: denn es könnte gut sein, dass hier tatsächlich das Medium die Botschaft wäre. In den folgenden Anmerkungen geht es mir darum, einiges vom Nach-Denken mitzuteilen, welches zu meiner eigenen Auswahl und Anordnung der Heraklit-Fragmente geführt hat.[1] Ich will damit nichts Neues über Heraklit sagen; noch weniger einen Anspruch auf „Richtigkeit" der Deutung erheben. Die Anmerkungen versuchen sich an Heraklits Gedanken heranzutasten und dadurch den Leser heranzuführen. Dass die Tastversuche oft bei Frage und Vermutung, Ahnung und Beschwörung enden, darf – da ihr Anlaß die Fragmente eines früh schon als der „Dunkle" bezeichneten Philosophen sind – nicht verwundern. Der subjektive Charakter der Anmerkungen versteht sich nach dem Gesagten ebenfalls. Es kommt, und zwar auf recht unterschiedlichen Ebenen von Darstellung und Argumentation, nur dasjenige aus den Fragmenten zur Sprache, was mich persönlich berührt hat. Ich möchte keinen philosophischen Bildungsstoff vermitteln und auch nicht mich auf einen Fachdiskurs über frühgriechisches Denken einlassen.

Die Gedanken Heraklits werden hier nicht in seiner eigenen Sprache nachvollzogen. Die verschiedentlich genannten Namen aus der deutschen Geistesgeschichte bezeichnen Stationen der fremdsprachigen Brechung des ursprünglich Gedachten. Die Umsetzung griechischer Gedanken in deutsche Gedanken hat ja entwicklungsmäßig das philosophische Denken selbst in eine neue Gestalt gebracht. Somit verweisen die zitierten Namen auch auf die bei allem Gesagten vorausgesetzten Verständnishilfen. Keinesfalls fordern meine Anmerkungen zur Rückkehr heutigen Denkens in einen idealisierten Zustand von dessen eigener Vergangenheit auf. Ich glaube kaum, dass bei solcher Rückkehr, falls sie gelänge, Lösungen zu finden wären für die dem rationalen Denken unlösbar gewordenen Probleme seiner beängstigenden Folgen: der wissenschaftlich–technischen Veränderung von Mensch und Erde. Doch mag in der denkenden Begegnung mit dem zu Beginn des abendländischen Denkens Gedachten sich unser Bewußtsein läutern für die Wahrnehmung seines überzeitlichen Grundes. Dann würden diese Anmerkungen zu Erläuterungen.

Erfahrung am Wendepunkt

Wie die gegenwärtig von uns erlebte planetarische Wandlung war die Wandlung, welche Griechenland zu Heraklits Zeit, dem sechsten vorchristlichen Jahrhundert, erfuhr, nicht lokal beschränkt. Sie ergriff die gesamte damalige Kulturwelt. Vom westlichen bis zum kleinasiatischen Mittelmeerraum, über den persischen und indischen Bereich, bis hin nach China war alles in Veränderung geraten. Die geschichtlich sich bewußt werdenden Völker, das heißt diejenigen, die der eigenen Entwicklung in der Zeit gewahr wurden, sahen sich einer Umgestaltung des Seienden gegenüber, für welche der aus der Biologie stammende Begriff der Mutation gelten kann. Nichts Bestehendes bleibt, alles Vorgefundene ist der Wandlung ausgesetzt: den Menschen jener Zeit war dies ein Wissen aus aktueller Erfahrung. Die Einsicht, dass alles fließt, ist nicht zufällig zur berühmten Kurzformel von Heraklits Denken geworden.

Der Gewalt solcher Mutation entsprechend gewaltig waren die Gestalten, die den Wandel bewußtseinsmäßig dadurch meisterten, dass sie sich zu einer umfassenderen Sicht als der bis dahin gewohnten befähigten. Buddha und Laotse, Zarathustra und Kungfutse, die Propheten Israels und die ersten Philosophen Griechenlands – alle öffneten sie sich für ein Wissen, das weit genug war, um in dem Zeitwandel den der Zeit vorgeordneten Bereich wahrzunehmen. Noch heute nennt man diesen Bereich den geistigen, ohne ihn genauer definieren zu können. Er entzieht sich anscheinend jeder Beschreibung. Mehr als annähernde Umschreibung erlaubt er kaum.

Die frühen Denker umkreisten den überzeitlichen Geist–Bereich zunächst als einen der Gleichzeitigkeit. Der Wendepunkt war ihnen ein Ort, an dem das Einende der verbindenden Wahrheit als Wesen des Geistes erfahren werden konnte. Im Gegenwarts-Wendepunkt von Vergangenheit zu Zukunft konnte beider überzeitliche Einheit erlebt und trotz ihrer Gegensätzlichkeit denkend in Verbindung gebracht werden. Die früheste uns überlieferte Aussage der griechischen Philosophie, der vielgedeutete Spruch des Anaximander, versucht vom Wendepunkt aus die umfassende Wahrheit zu nennen, als die Weise, wie Werden sich mit Vergehen berührt, wie Widerstrebendes zum Ausgleich kommt. Dasjenige, woraus die Dinge ihr Entstehen haben, gemäß dem Gesetz der Zeit, ist für Anaximander dasselbe wie das, worin sie vergehen: Apeiron, das gegenwärtige Unendliche.[2] Von dieser Einsicht wurde Heraklits Denken nachhaltig beeinflußt. Der am Unendlichen, das zugleich Augenblick und Ewigkeit ist, sich messende Denkabstand zum zeitlichen Alltagsgeschehen, welches sie gleichwohl als historisches Geschehen begriffen, ermöglichte den früheren Denkern den Blick auf die Wahrheit als das Dauernde im Wandel. Dies Dauernde war ihnen freilich nicht inhaltlich unveränderlich zu fassen, war nicht ein für allemal schon Gekanntes und Gewußtes. Die Wahrheit des Dauernden wurde in der Wandlung am jeweils neuen Wendepunkt je neu in der Verbindung von Früher und Später geschaut und ausgesprochen.

Der Abstand zum zeitverhafteten Alltagsgeschehen, der den Wendepunkt erkennen läßt, ist der Abstand, den wir wohl bräuchten zum Verständnis der gegenwärtigen Mutation. Um in ihr eine neue Erscheinungsform des Geistes zu erkennen! Dann könnte jenseits von Vergehen und Entstehen, weder von Angst noch Hoffnung getrübt, die Anwesenheit sinnstiftender Einheit uns berühren: auch in unserer Sprache. Sinnstiftende Einheit dieser Art hieß für Heraklit LOGOS. Daraus könnte die Gegenkraft erwachsen zur Gleichschaltung von allem und jedem nach dem rationalen Vereinheitlichungsprinzip der rechnenden Technik. Im Gewahren der wesentlichen Einheit könnten wir jene Sicherheit finden, welche Ökonomie und Technik uns verwehren. Solche Sicherheit rechnet nicht mehr Verlust und Gewinn, Niederlage und Sieg in der Zeit gegeneinander auf , sondern weiß um deren gemeinsamen Grund.

Deshalb kann von ihr aus der Frieden, das reine Dasein des Geistes, in jeder Erscheinung als wundernswürdig erfahren und gesagt werden: Sinn. Verborgene Harmonie des Weltganzen klingt auf, wenn Sinn sich in jeder Einzelheit äußert.
„Das All-Eine, ausseinanderstrebend in Verschiedenes, stimmt mit sich selbst überein." (Fr. 51)

Zwischen Ost und West

Noch Anderes rückt beim Nachdenken der Heraklit-Fragmente in neue Sicht. Wie schon angedeutet, begann mit den frühen griechischen Philosophen jener Abschnitt menschlicher Kulturentwicklung, an dessen Ende wir heute stehen. Die inzwischen die ganze Erde dominierende europäische Kultur mit ihrer Akzentuierung von Zeit und Rationalität, sowie der daraus erfolgenden Wissenschaft und Technik, hat ihren

Ursprung im griechischen Denken. Die Verbindung von Metaphysik und Empirie bei den früheren Philosophen ist deshalb doppeldeutig. Einerseits reicht sie zurück zu den östlichen Weisheitstraditionen des mythischen Zeitalters. Die frühen griechischen Denker gehören mit den ihnen zeitgenössischen Meistern des Ostens zu den Kündern der Einheit eines dynamisch verstandenen Seins. Das Verbindende dieser Einheit überstieg in seiner Wahrheitskraft jede magisch gefürchtete oder verehrte und jede mystisch vorgestellte oder gepriesene Gottheit.

Indem sich das Denken damals Stufe für Stufe über frühere Bewußtseinsstrukturen hinwegbewegte und dabei das denkende Subjekt erstarkte, zeigte sich auch die äußere Erscheinungswelt durch distanzierte Beobachtung immer deutlicher als eine vom eigenen Inneren verschiedene Wirklichkeit. Noch wurde sie nicht zum fremden Objekt. Die Aufgehobenheit innerer und äußerer Wirklichkeit im gemeinsamen Wirkungszusammenhang, die Wesenseinheit beider, blieb ebenso gegenwärtig wie der Unterschied. Die Einheit wurde als Verbindung des Unterschiedenen gedacht, für Heraklit: LOGOS.

Andererseits, und darin besteht die erwähnte Doppeldeutigkeit, zeichnet sich bei den früheren griechischen Philosophen auch schon die Beschränkung des Denkens aufs fraglos Vorausgesetzte, vom Subjekt getrennte Seiende ab. Das Wunder, in welchem sich die verbindende Einheit als LOGOS je neu manifestiert, das unmittelbare Erleben und Beleben der einenden Wahrheit, wurde den späteren Philosophen fremder. Aus den Begriffen atmete weniger Seinserfahrung. Abstraktion nahm überhand. Rationales Systematisieren, mentales Messen, berechnendes Erforschen der vom Subjekt abgelösten, objektiv gesetzten Welt und deren ausbeutende Bearbeitung verlief dann in der Neuzeit parallel zu der von Heidegger ins philosophische Bewußtsein gebrachten „Seiensvergessenheit". Rilke sagt in den Duineser Elegien, dass der moderne Mensch nicht wirklich zuhause sei in der „gedeuteten" Welt, da ihm trotz aller wissenschaftlichen Beherrschung der Bezug zum unmittelbaren Sein fehle.[3] Das Erleben der einenden Wahrheit von Ich und Welt ist verloren gegangen. Nur diejenigen Denker und Dichter, die man als Mystiker bezeichnet, und die im Laufe der abendländischen Entwicklung zunehmend aus der offiziellen Philosophie, Theologie und Wissenschaft ausgegrenzt wurden, ließen sich noch auf die ursprüngliche Seinserfahrung ein. Denken blieb ihnen wie den östlichen Meistern und den ersten griechischen Philosophen weiterhin Andenken an das allem Seienden gemeinsame, und doch nicht aus dem Seienden stammende Sein. Mit der ausgesprochenen

Wahrheit dieser gegenwärtigen Einheit von innen und außen hielten sie die Erinnerung wach an die Wahrheit des Geistes als den verbindenden Grund des durch rationales Denken abstrakt Getrennten.

Angelangt an der Grenze der Trennung rufen wir uns inmitten der sie spiegelnden Verwüstung von Erde und Mensch rückblickend die Anfänge der abendländischen Entwicklung ins Gedächtnis. Dabei können wir erkennen, dass zwar eine Art des Denkens, die abendländische, abstrakt orientierte, logisch-philosophische Art des Denkens zu Ende geht, nicht aber das Denken selbst. Indem wir rückblickend die Grund-Fragen erneut stellen, wie wir sie in den Gedanken Heraklits besonders deutlich ausgeprägt finden, befähigen wir unser Bewußtsein vielleicht für den Übergang zu anderem, der Zukunft angemessenem Denken. Auf noch unbekannte Weise wird dies kein philosophisch-abstraktes Denken mehr sein, weil es wieder jenseits der Trennung vom gemeinsamen Grund des Seienden her, wird denken können. In solch anderem Denken mag das einseitig „Westliche" Ergänzung finden durch ein „Östliches", das ihm ursprünglich zugeordnet war und das im frühgriechischen Denken noch wirksam ist. Die Wahrnehmung einer neu erscheinenden Weise von geistiger Einheit könnte gelingen. Sie würde als Allgemeines nicht der unversöhnliche Gegensatz des Einmalig-Besonderen sein. Die dynamische Synthese von abendländischer und östlicher Weisheit, von Rationalität und Intuition, welche sich bei der gegenwärtigen planetarischen Wandlung als notwendig abzeichnet, wird auf mancherlei Weise zu vollziehen sein. Eine Weise ist die Rückbesinnung auf den Ursprung unseres Denkens, an dem es noch innerhalb der Polarität von konkreter Erfahrung und allgemeiner Idee, von Sinnlichkeit und Vernunft sich bewegte. Der LOGOS-Begriff des Heraklit ist imstande, das TAO des Laotse mit der All-Vernunft Kants zu vermitteln. Könnten wir beides zusammen denkend erfahren, würden wir vom G r u n d her denken – und vom Grund her d e n k e n.

II. HERAKLITS DENKANSATZ IN SEINER ZEIT

Politischer Wandel

Im sechsten vorchristlichen Jahrhundert vollzog sich in Griechenland, wie bereits angedeutet, ein gewaltiger Wandel. Soziologisch ist er ablesbar am Übergang vom feudalen Zeitalter zu dem der Polis-Demokratie. Das griechische „Mittelalter" war zuende. Die adeligen Ritter und Großgrundbesitzer, bis dahin alleinige Träger der politischen Macht, mussten diese nun mit den übrigen freien Bürgern teilen: mit den Handwerkern, Bauern, Taglöhnern – und vor allem mit dem neuen Stand der Händler. In Athen kam die Demokratisierung über ein Epoche der Diktatur (Paktieren des Tyrannen Peisistratos mit unteren gesellschaftlichen Gruppierungen) schließlich durch die Verfassung des Kleisthenes im Jahre 507 v. Chr. zustande. Besonders aber im Zuge der griechischen Kolonisation der Mittelmeerküste zwischen 750 und 550 hatte sich in den neu entstandenen Stadtstaaten die bürgerliche Gleichheit der Siedler zur Selbstverständlichkeit entwickelt. In einem dieser Polis-Staaten, dem kleinasiatischen Ephesos, lebte und wirkte Heraklit von 475 bis 535. Hier, wie in anderen neuen Städten, deren Gesellschaft durch Manufaktur, Handel und Geldwirtschaft bestimmt war, bildete sich ein Selbstbewußtsein heraus, das von dem der ritterlichen, durch Homer oder Pindar idealisierten Gesellschaft verschieden war. Zwar blieben die Freude am Wettkampf und die Verherrlichung des kraftvollen Mannes weiterhin ebenso bezeichnend für die griechische Kultur wie die Verehrung der olympischen Götter, doch stand dem schönen Ritterkämpfer nun gleichberechtigt der kluge, gebildete Polite als freier Bürger zur Seite. Er orientierte sich weniger an Spiel und Mythos als an Wissenschaft und Denken; er begriff sich nicht nur als Teil einer Standesgemeinschaft, sondern auch bewußt als einmaligen Menschen. Maßgeblich bei allem war ihm die einzelmenschliche Dimension. In freier Bewegung tritt er uns in den überlieferten Plastiken entgegen; als ebenso stolzen wie leidensfähigen, sich für sein persönliches Schicksal entscheidenden Charakter erleben wir ihn im Drama. In der Gestalt des

„Sophos“, aus dem dann der Philosoph wurde, verkörpert der Polite einen neuen Typus des Weisen, der beobachtend, forschend und denkend das gemeinsame Gesetz in der Vielfalt von Einzel–Seiendem aufspürt.

Wie die Gemeinschaft der Einzelbürger auf klaren gesetzlichen Grundlagen beruhen sollte, so auch die Dinge der Außenwelt. Dazu musste die Organisation des menschlichen Bewußtseins ebenso allgemein wirkenden Gesetzen entsprechen. Oder genauer: einem gesetzmäßigen Grundprinzip, das die Vielfalt in Gesellschaft, Natur und Seele einend durchwirkt. Heraklit zufolge stiftete der LOGOS Gemeinschaft nicht bloß in der Art äußeren Zusammenschlusses verschiedener Menschen zu einer Zweck- oder Interessensgemeinschaft; sondern es sind durch den LOGOS die Menschen in ihrer konkreten Verschiedenheit von innen her verbunden, weil er dasjenige ist, was im Grunde allen Einzelnen gemeinsam ist. So schafft die bewußte Teilhabe am LOGOS erst eine tragfähige Gemeinschaft. Allerdings muss im Sinn einer solch echten Demokratisierung der LOGOS von jedem freien Menschen realisiert – das heißt wahrgenommen wie verwirklicht - werden. Darin bestand für Heraklit die eigentliche verwandelnde politische Aufgabe der Verantwortlichen seiner Zeit. In zeitgenössischer Realpolitik sah er davon kaum etwas erfüllt.

Heraklit stammte aus einer der vornehmen Familien der Stadt und hätte bei den politischen Geschäften eine gewichtige Stimme einzubringen gehabt. Aber anstatt in der Bürgerversammlung mitzuwirken, spielte er – einer Anekdote zufolge – auf den Stufen des Artemistempels mit den Kindern. Als sich seine Mitbürger darüber verwunderten, sagte er zu ihnen: „Ist das nicht besser, als mit euch Politik zu treiben?“ Das Überhandnehmen der „Volkspartei“, die sich für die Überwindung der Feudalherrschaft einsetzte, lehnte er ab, obwohl sein Denken mit der demokratischen Entwicklung nicht unvereinbar war.

Man sollte ihn seiner Distanz zur aktiven Politik wegen nämlich nicht vorschnell für einen reaktionären Verfechter des Überkommenen halten. Wie hätte er sich als ein solcher in seinen Texten ausdrücklich gegen veraltete Formen des religiösen und politischen Establishments wenden können? Wie hätte er im LOGOS das Gemeinsame aller Menschen aussprechen können? Doch ebenso zuwider wie Aberglaube und Korruption der alten Mächte war ihm die heraufkommende Herrschaft der nur undeutlich denkenden Vielen, denen es seiner Meinung nach bei ihren politischen Bestrebungen einzig um Befriedigung materieller Bedürfnisse ging, nicht um

Erneuerung des Gemeinwesens aus bewußter Wahrnehmung der einenden Einheit heraus.

Die Vielen, so schreibt Heraklit, hören zwar vom LOGOS, doch sind sie taub, denn sie wollen nicht begreifen, was damit gemeint ist; demgemäß können sie auch nicht ihr Handeln danach richten (Fr. 34). Drastisch vergleicht er die Mehrheit der Bürger mit dem Vieh, das glücklich ist, wenn es genug zum Fressen hat (Fr. 29). Dagegen ist ihm der Mensch zu Höherem als der Befriedigung körperlicher Bedürfnisse bestimmt, nämlich zur bewußten Teilnahme an einer umfassenden Dimension des Daseins, zum Vertrautwerden mit dem Bereich des Göttlichen. Dort kann, so meint Heraklit, die Einsicht in den LOGOS geschehen. Reden und Handeln gemäß der so erkundeten Wahrheit bedeutet für Heraklit Weisheit. Sie ist für ihn das höchste zu erstrebende menschliche Gut (Fr.41, 112).

An dem Grad der Weisheit bestimmte sich ihm der öffentliche Rang eines Menschen. Die in diesem Sinne Besten sollten das Sagen im Gemeinwesen haben, nicht diejenigen, die eine Mehrheit hinter sich haben, denn eine solche Mehrheit ist meist eine der Gedankenlosen, durch welche die Gemeinschaft eingeebnet wird auf den niedrigsten gemeinsamen Erkenntnisnenner ihrer Mitglieder. Die Besten erweisen sich aber untrüglich dadurch, dass ihnen jegliche tyrannische Überheblichkeit fremd ist. „Überheblichkeit sollte man rascher löschen als eine Feuersbrunst.“ (Fr.43) Dies scheint für Heraklit die Garantie gegen Unterdrückung und Ausbeutung gewesen zu sein, welche gemeinhin ja als automatische Alternative zur demokratischen Staatsverfassung betrachtet werden.

Wir sehen: ein politischer Diskurs war damals bereits im Gang, in dessen Verlauf das durch eine geistig-moralische Elite geführte Gemeinwesen gegen das von Vertretern der Mehrheit verwaltete abgewogen wurde. Auch der Gegensatz zwischen lebendigem Gesetz des Geistes und äußerem, formalem Gesetz war schon gegenwärtig. Dieser Diskurs wurde in den folgenden Jahrhunderten bei jedem politischen Wandel in neuer Weise aufgenommen und weitergeführt. Er wird auch angesichts unserer heutigen ökonomisch motivierten, demoskopisch gesteuerten, technisch verwalteten Gesellschaft im Hinblick auf zukünftig mögliche Gemeinschaftsformen nicht abreißen dürfen.

Erforschung von Natur und Selbst

Vom öffentlichen Leben hielt sich Heraklit also kritisch entfernt. Es wird berichtet, dass er sich lieber in die Einsamkeit der Natur zurückzog. Sein menschlicher Umgang wird sich wohl auf einen engen Kreis von Freunden und Schülern beschränkt haben. Bei anderen früheren Denkern ist ein ähnlicher Rückzug von der Öffentlichkeit zu beobachten und dieselbe „esoterische" Schranke, welche das Wissen der Meister nicht jedermann zugänglich machte. Der Gegentypus wäre Sokrates, dessen inspirierendes Element die Öffentlichkeit war und der sich nicht scheute, sein Denken auch „auf dem Marktplatz" vorzuführen. Kungfutse und Platon sind hier ebenfalls als Gegentypen zu nennen, weil sie sogenannte politisch engagierte Denker waren und durch Beratung der Herrschenden Einfluß auf die unmittelbare Gestaltung der Gesellschaft zu gewinnen versuchten.

Heraklits Abkehr von der Gesellschaft kann aber genausowenig als „asozial" eingestuft werden wie diejenige Laotses, Buddhas oder Nietzsches, wenn man bedenkt, welche formenden Impulse aus der Einsamkeit dieser Denker in die Gesellschaft zurückgeflossen sind. Philosophen wie Heraklit oder Nietzsche haben, indem sie an der Uneigentlichkeit des alltäglichen Lebens litten und sich um Verwesentlichung des Daseins bemühten, den Ausblick immer wieder eröffnet auf den fast vergessenen Sinn menschlicher Existenz. Einsamkeit und unmittelbare Begegnung mit der Natur ermöglichten diesen Denkern eine persönliche Annäherung an die überpersönliche Wahrheit, unbeeinträchtigt von Mythos, Religion, Sitte, öffentlicher Meinung.

Einsamkeit und Natur – damit sind die zwei Richtungen gekennzeichnet, in denen sich Heraklits Annäherung an die Wahrheit bewegt: nach innen und außen. Seinem Bekenntnis „Ich erforschte mich selbst." (Fr. 101) stehen die Zeugnisse seiner Naturforschung zur Seite. Sein Denken ist von elementarer Lebenserfahrung geprägt. Der ganze Mensch hat am Erkennen teil. Das Sein, das Heraklit schließlich von der „Lebenswelt" (Husserl) seines Daseins aus als Wahrheit denkt, ist Bewußtsein ebenso wie materielles Sein. Im LOGOS versammeln sich beide.

Anschauliches Denken am Mittelmeer

Heraklit hat als ganzer Mensch von seinem konkreten Dasein aus gedacht. Diese Aussage läßt sich ergänzen durch die Vorstellung dessen, was den Erfahrungsrahmen seines Denkens bildete. Aus dem vorstellenden Nachvollzug derjenigen Fragmente, die von der dynamischen Zusammensetzung der Außenwelt handeln, kann sich Heraklits Erfahrungsrahmen unserem Bewußtsein erschließen. Solcherart werten wir die Fragmente anders, als wenn wir in ihnen Zeugnisse einer primitiven, von der neuzeitlichen Physik und Chemie überholten Naturwissenschaft sehen wollten. Anschauliches Denken – im Sinne der Goetheschen Methode der Naturbetrachtung – ist Heraklits Vorstellung von Physis und Kosmos, also dessen, was wir heute als Natur bezeichnen.

Anschauliches Denken kann keineswegs überholt werden von rational-naturwissenschaftlichem Erfassen der Natur. Beide Methoden stellen die Natur verschieden vor, nicht richtiger oder falscher. Dem wissenschaftlichen Denken unseres Zeitalters, das die Natur zur Beherrschung und Ausbeutung zurichtet, sind die frühgriechischen Vorstellungen unbrauchbar und gelten als primitiv; dem frühgriechischen Denken andererseits, das die Natur eher andächtig als eingreifend bedachte, wäre die Vorstellung ungeheuerlich gewesen, dass die Natur vor allem beherrschbares Objekt des denkenden Menschen sei. Noch war damals die Ehr-Furcht, widersprüchliches Gefühlserbe aus dem mythischen Zeitalter, wach im Verhältnis zur Natur. Versuchen wir also nicht Heraklits Vorstellungen von der Natur mit den unsrigen zu messen, sondern streben wir danach, sie möglichst genau nachzuvollziehen.

Meer, Strand, Felsen, Fluß, Berg, Wiese, Wald, Getier im Wasser, auf der Erde, in der Luft. Der blaue Himmel. Das Licht, welches alles zur Erscheinung bringt. Wissen ist zu erst einmal: sehen, eidetisches Aufnehmen des sich Zeigenden. Und das Staunen darüber: „Jeden Tag neu: die Sonne." (Fr. 6) Ins sehende Erkennen der Welt spielen ursprünglichere Sinnesempfindungen hinein. Wärme auf der Haut; die Poren sind geöffnet für die Wahrnehmung der Außenwelt. Die Grenze zwischen außen und innen wird an der Haut durchlässig. Der Dunst, entstehend aus dem lebendigen Zusammenwirken von Wärme, Wasser, Luft verbindet alles miteinander. Die Schleimhäute von Mensch und Tier sind wie Blätter der Pflanzen für den Vollzug des

Kreislaufes der Elemente bereit. Ein modern naturwissenschaftliches Verstehen von chemischen Stoffwechselvorgängen bei Atmung und Verdauung, gar bei Osmose oder Photosynthese, ist fern; doch das Geschehen selbst enthüllt sich der Wahrnehmung. Zusammenhänge werden „gewittert". Im Hauptbegriff für den Vorgang des Denkens NOEIN, bzw. NOUS, ist die Urbedeutung des Witterns noch gegenwärtig.

In welchem Dunstkreis lebt man? So wird gefragt, und die Antwort lautet: Wo die Dünste ihren Raum haben, ist der Schauplatz des Lebens, des Geschehens überhaupt. Nach oben und unten hin ist der Schauplatz getrennt in Himmel und Erde. Himmel und Erde selbst sind unbegrenzt: noch werden sie fast als Gottheit erlebt, doch daneben schon als Grundkräfte, als Elemente erster physikalischer Unterscheidung. Physikalisch wie metaphysisch sind auch die Kräfte, welche auf dem in der horizontalen Weite zum Unendlichen hin offenen Schauplatz zwischen Himmel und Erde wirken. Sie sind die Helden des kosmischen Geschehens: Feuer und Wasser.

Heraklit sah das kosmische Geschehen als eines der Ausdünstung. Je mehr das Wasser verdunstet und sich damit von der Erde nach oben hin entfernt, je mehr es vom Feuer aufgezehrt wird, desto mehr tut sich der Bereich von Licht, Tag, Sommer, auch von Reinheit, Klarheit, Trockenheit, Geist auf. Umgekehrt: indem das Trockene wieder feucht wird , die Kraft des Feuers also schwächer, die des Wassers stärker wird, verläuft die Bewegungsrichtung des Dunstkreislaufes zur Erde hin; Dunkel, Nacht, Winter, Verschwommenheit, Seele breiten sich aus. Wie die YIN/YANG-Polarisierung bei den Chinesen zuerst aus einer sinnlichen Wahrnehmung (und zwar der Wahrnehmung einer der Sonne zugewandten oder abgewandten Seite eines Berges) abgeleitet wurde, so Heraklits makrokosmische Vorstellung vom Kreislauf des Geschehens, das hell und dunkel, warm und kalt, trocken und feucht in ständigem Wechsel hervorbringt.

Heraklit hat den Kreislauf ähnlich wie schon die Pythagoräer auch im Wechsel von Verdichtung und Verdünnung gesehen, wobei das Extrem der Verdünnung luftige Ausbreitung, das Extrem der Verdichtung erdige Zusammenziehung ist. Als solcher Kreislauf bewegt sich der gesamte Weltprozeß durch die von Feuer und Wasser hervorgerufenen Extremzustände hindurch. Ebbe und Flut, Erschöpfung und Überfluß, Verlöschung und Entzündung, Kälte und Wärme wechseln ständig. Welt: für Heraklit ist das eine Folge ineinanderfließender verschiedener Aggregatszustände. „Wechselweiser Wandel: Welt in Feuer, Feuer in Welt." (Fr.90) Heutige astronomische

Vorstellungen vom fluktuierenden Weltprozeß nähern sich dem wieder: Urknall, Ausdehnung zum Weltall, Zusammenziehen, Verschwinden im „Schwarzen Loch", erneute Explosion. Für Heraklit gibt es ebensowenig wie für die heutigen Vorstellungen einen einmaligen endzeitlichen Weltbrand, sondern der fortwährende energetische Umwandlungsvorgang von allem in alles ist ein Simultangeschehen. Weil Feuer dabei das wesentlichste Bewegungselement ist, weist Heraklit ihm eine übergeordnete Rolle im Spiel der Elemente zu. Als treibende Kraft ist Feuer mit dem Göttlichen verwandt; manchmal wird es fast mit LOGOS und dessen Lichteigenschaft identifiziert.

Entzünden und Verlöschen, Verdichten und Verdünnen, Entstehen und Vergehen – dies alles ist für Heraklit ein Vorgang, in welchem ein gemeinsames Gesetz waltet. So kann er sagen: „Der Weg auf und ab ist derselbe." (Fr.60). Der kosmische Lauf, in dem LOGOS waltet, ist der Weg, der durch Seiendes und Nichtseiendes verläuft.

Makrokosmischer und mikrokosmischer Fluß

Das dynamische Zusammenspiel der Elemente, der fortwährende Durchgang des momentan erlebten Daseins durch verschiedene Zustände von Wirklichkeit, kurz: der Fluß des Geschehens, verbindet inneren mit äußerem Kosmos, Physis mit Psyche. Innen und außen sind nicht getrennt. Durch seinen Atem hat der Mensch nach Heraklit unmittelbar teil am großen kosmischen Geschehen. PHRONEIN, eines der Wörter für Denken, das ursprünglich bedeutete „das Zwerchfell bewegen", belegt noch den Zusammenhang zwischen Denken und Atmen. Durch Atmen orientiert sich der Mensch in Innen- und Außenwelt und wird dadurch zum denkenden Menschen. Körperliche Teilhabe des Menschen am Kosmos ist ein Aspekt der Teilhabe von allem an allem. Die Teilhabe der Einzelseele an der Weltseele, die Teilhabe des menschlichen Geistes am LOGOS sind für Heraklit andere Aspekte der dynamischen Gemeinsamkeit. Die verschiedenen Bereiche des einen Existenzfeldes sind eben noch nicht so kategorisch voneinander getrennt wie dann schon bei Platon und Aristoteles.

Wenn deshalb im Bezug auf Heraklit von Elementen gesprochen wird, können darunter auch durchaus jene beim bewußten Atmen körperlich wahrnehmbaren, feinstofflichen Energiezentren verstanden werden, die als „Chakren" von indischen Denkern erforscht worden sind. Heraklit deutet einmal an, dass ein Element den Tod eines anderen lebe (Fr. 76). Das Wasser lebt demnach der Erde Tod, die Luft lebt des Wassers Tod usw.; durch eine leichte Umordnung der Elemente kann diese Vorstellung Heraklits in Entsprechung zu Körperübungen und meditativen Praktiken der östlichen Tradition gebracht werden – wie sie etwa im „Tibetanischen Totenbuch" beschrieben sind. Solche Übungen wurden auch in den esoterischen Kreisen der griechischen Philosophenschulen durchgeführt. In diesen Übungen wird das Bewußtsein von unten nach oben durch die einzelnen Körperzentren, die jeweils einem Element entsprechen, bewegt. Ein neues Element wird dadurch abwechselnd „zum Leben" gebracht. Die Tendenz ist Vergeistigung, Erhellung der gesamten Existenz, bis schließlich die Wahrnehmung des Himmels als oberstem Element gelingt; darauf folgt eine neue Wendung zur Erde hin als dem untersten Element. Damit bleibt der Kreislauf erhalten. Die Bewußtseinsbewegung wird in der östlichen Mystik wie gesagt nicht als unstofflich erlebt, sondern als stofflich–energetisches Fließen. Das gilt auch für Heraklit: die Grenzen zwischen Kraft und Stoff, Seele und Körper werden in der konkreten Wahrnehmung ununterscheidbar.

Erde und Himmel sind die Pole der Welt Heraklits. Durch sie hindurch und zwischen ihnen spannt sich das Energiefeld der übrigen Elemente, in welchem der Fluß fließt. Im Menschen als einer Verkörperung des Spannungsverhältnisses von Himmel und Erde fließt derselbe Fluß. Makrokosmisch wie mikrokosmisch, physisch wie psychisch: Fluktuation. Jedes Element zerstreut sich und verfestigt sich wieder, kommt und geht, stirbt und lebt. (Fr.91) Was später einzig als Masse erfahren wurde, enthüllte sich der frühen Wahrnehmung auch als Energie; und ebenso enthüllte sich ihr als Energie, was später zu „bloß" seelischen Vorgängen wurde. Wieder entwarfen neue Physik und Psychologie ähnliche Modelle der von ihnen untersuchten materiellen und psychischen Phänomene. Freilich wurde dabei distanzierend-vorstellend gedacht, im Hinblick auf technische Verfügbarkeit der Ergebnisse. Die Fluktuation wurde im Rahmen der Naturwissenschaft nicht auch als Einheit sinnlich-geistiger Wahrnehmung erfahren. Ob deshalb schon eine Kombination moderner Wissenschaft und östlicher Mystik zur Einheit sinnlich-geistiger Wahrnehmung führen kann - wie das manche Theoretiker des „New Age" hofften - , oder ob nicht vielmehr ein Umdenken vom Grund der Erfahrung her nötig wäre, das bleibt eine Frage, die wir aus dem Nachdenken von Heraklits Fragmenten heraus deutlicher zu stellen vermögen.

III. PSYCHE

Erkenntnisvermögen

Die „ursprünglich-synthetische Einheit der transzendentalen Apperzeption" (Kant), die Einheit von Begriff und Erfahrung also, war den frühen Philosophen nicht problematisch. Wie der bekannte Satz von Parmenides sagt, galt ihnen Denken und Sein einer gemeinsamen Dimension angehörig. Ein Denken, das sich nicht auf Seiendes bezieht, war ihnen ebenso unvorstellbar wie ein Seiendes, das nicht schon immer für uns im denkenden Nachvollzug sich zeigte. Wenn deshalb bei Sextus Empiricus, einem Schriftsteller der aristotelischen Tradition, zu lesen ist, Heraklit habe zwei verschiedene Erkenntnisvermögen, ein begriffliches und ein erfahrungsmäßiges, unterschieden, so ist dies schon als Interpretation im Sinne des späteren rationalen Denkens zu verstehen. Vernunft und Sinnlichkeit beim Menschen als „denkendem Tier" wurden dann tatsächlich streng geschieden.

Die Unterscheidung, auf die Sextus Empiricus bei Heraklit hinweist, betrifft die verschiedenen Richtungen, in welchen die erkennende Wahrnehmung sich bewegen kann. Indem Heraklit den Erkenntniswert der Wahrnehmungsrichtungen gegeneinander abwägt, bereitet er zwar die spätere Trennung von sinnlicher und geistiger Wahrnehmung vor, vollzieht sie jedoch noch nicht. Nach außen gerichtet ist die Wahrnehmung für Heraklit Sinneswahrnehmung, nach innen gerichtet Vernunftwahrnehmung. Weil sie eine einzige ist, stimmt die Wahrnehmung in der Verschiedenheit ihrer Bewegungsrichtungen mit sich überein. Sinnlichkeit und Vernunft als Erkenntnisvermögen sind in der Wahrheit des LOGOS gegründet wie Einatmen und Ausatmen im einen Lebensodem. Der Grund der Erkenntnis, LOGOS ist ebenso verborgen wie nach Entbergung verlangend (Fr. 16, 123). Deshalb hat der Mensch als Erkennender den Vollzug der ganzen Wahrnehmung zur Aufgabe, um in den Grund von Sinnlichkeit wie Vernunft zu gelangen. Je nach dem, wohin sich also die

„Seelenkräfte“ richten – wie dies dann über neuplatonische Vermittlung Meister Eckhart auf deutsch ausdrücken wird - , nach außen oder innen, bietet sich der Erkenntnis ein verschiedenes Bild der einen Wahrheit. Ein die Zerstreuung des Seienden in die Mannigfaltigkeit betonendes Bild bei der sinnlichen Außenwahrnehmung, ein sich zur Einheit hin sammelndes Bild bei der innengerichteten Vernunftwahrnehmung. Während durch Außenwahrnehmung das vielfältige Wirken des LOGOS dem menschlichen Bewußtsein sich zeigt, kann die einende Kraft des LOGOS, das Wesen der allesverbindenden Wahrheit, nach Heraklits Meinung eher durch Innenschau dem Bewußtsein aufscheinen. Deshalb ist ihm als Erkenntnismethode die Selbsterforschung so wichtig. Zwischen Einheit und Vielheit vermitteln jedoch grundsätzliche Strukturen, in denen der LOGOS als formendes Prinzip von materiell Seiendem wie von geistiger Organisation gegenwärtig ist.

Die Teilhabe des Menschen am kosmischen LOGOS durch körperlich–sinnliche Teilhabe an der Natur geschieht bereits im Schlaf. In dieser Form ist die Teilhabe auch anderen, nichtmenschlichen Wesen eigen. Sinnesdaten können somit für die bewußte Wahrnehmung des LOGOS durch den wachen Menschen nicht zureichend sein (22A16). Die Einheit alles Seienden kann in der sinnlichen Wahrnehmung zwar dunkel ahnend gefühlt, doch nicht gewußt werden. Denn ist auch „Alles in Einem“ und „Eines in Allem“ (Fr. 10), so erschließt sich dies als helle Einsicht auf einer anderen als der sinnlichen Ebene. Erkenntnistheoretisch formuliert: der induktive Schluß aus der Vielzahl der Erfahrungstatsachen kann niemals zur Aufstellung des in diesen Tatsachen gemeinsam waltenden Gesetzes führen. Diesem göttlichen Gesetz, dem LOGOS, so meint Heraklit, gefalle es, sich in den vielfältigen Erscheinungsformen der Natur „zu verbergen“ (Fr. 123). Deshalb seien Augen und Ohren allein schlechte Zeugen für die Wahrheit (Fr. 107). Prüfstein der Wahrheit müsse die durch Innenschau zu vollziehende Einsicht in den LOGOS selbst sein (22A16).

Freilich garantiert nicht bereits die Wendung der Wahrnehmung nach innen das Aufscheinen des einenden LOGOS, der Wahrheit. Das erkennende Bewußtsein muss – hier wird wieder die Verbindung Heraklits mit der östlichen Meditationstradition deutlich – ebenso wie von einzelnen Sinnesdaten sich von übernommener Meinung und ungefährem Dafürhalten reinigen. Ja, das Bewußtsein sollte die Überzeugung lassen, von sich als menschlichem aus überhaupt etwas Wesentliches willentlich erkennen zu können. Was es nämlich in dieser Weise erkennt, ist im Vergleich mit der wesentlichen Erkenntnis nicht mehr wert als „Kinderspiele“ (Fr.70). Erst wo der Mensch bei der Innenschau sein eigenes Wesen über-schaut und sich dem göttlichen Wesen des Geistes öffnet, kann die einende Wahrheit im Licht des LOGOS erscheinen oder als sein Zuspruch ertönen: „Das menschliche Wesen hat keine Erkenntnisse, wohl aber das göttliche." (Fr. 78)

Wesentliche Erkenntnis hat für Heraklit also zunächst weniger mit dem Erfassen eines Erkenntnis-Gegenstandes zu tun, als mit der Bereitschaft, das erscheinen zu lassen, was als Wahrheit erscheinen will; hat mit der Fähigkeit zu tun, auf das zu hören, was sich als Wahrheit ankündigt. So erst können beide Richtungen der Wahrnehmung, das sinnliche und das vernünftige Erkenntnisvermögen, in ihr Gerichtetsein auf die Wahrheit kommen.

Dann zeigen die Dinge der Außenwelt ihr Wesen; ihr LOGOS wird offenbar. In einer einzigen Pflanze kann sich das Wunder der Welt mitteilen. Andererseits ist die innere Einheitsschau gesättigt mit Erfahrung konkreter Dinge, aus deren mannigfaltiger Erscheinung sich das verbindende Gemeinsame der Einheit immer deutlicher abhebt. Die Bereitschaft und Fähigkeit zum Erscheinenlassen der Wahrheit bestimmt die Erkenntnishaltung des Philosophen, der Forscher und Meditierender zugleich ist.

Die Seele

In diesem Zusammenhang ist es angebracht, zu betrachten, wie Heraklit sich die Beziehung von innerer und äußerer Wahrnehmung im Zusammenwirken von körperlicher und göttlich-geistiger Bewußtseinsdimension genauer vorgestellt hat. Welche Rolle kommt dabei der Seele zu? Heraklit gibt als philosophische Methode wie gesagt außer der bewußten Naturbeobachtung die Erforschung seiner selbst an, die wache Versenkung in die eigene Seele. Damit beherzigt er den Leitspruch des „hellen" Gottes Apollo, der nicht in halbbewußtem Rausch wie der Weingott Dionysos, auch nicht im dunkelahnenden, dichtenden Mysterium wie Orpheus, die Grenze des lichten Bewußtseins aufheben will, um in den Grund der Seele einzutauchen – einem Verfahren, das heute wieder verschiedene tiefenpsychologische Schulen versuchen. Heraklit hält auch nicht viel vom prophetischen Lallen der Apollopriesterinnen des delphischen Orakels. Solche halbbewußten Zugangsweisen zum Wesen der Seele entsprachen der mythischen Bewußtseinsstruktur, nicht dem Menschen des neuen Bewußtseins. Der Trunkene, so meint Heraklit, wisse nicht, wohin er gehe (Fr. 117). Das Orakel aber könne nichts verbergen oder erschließen als was im Fragenden selbst sei. Darauf deute das Orakel hin (Fr. 93). Diesem Wink ist Heraklit gefolgt, um nüchtern das Licht des LOGOS in der eigenen Seele zum Aufscheinen zu bringen, um die Seele somit von ihrer Bewußtseinsfähigkeit her selbst für die Einsicht in das bei ihr geborgene Göttliche der Vernunft fähig zu machen. Ein schwieriges Unternehmen! Denn das, was hier erkennen will, ist dasselbe wie das, was erkannt werden soll. Im Seelengrund, wo der LOGOS aufscheint, kann es nichts anderes geben als Erkennen des Erkennens. Deshalb sagt Heraklit: „Die Grenze der Seele kannst du nicht finden, versuchst du auch alle Wege. So tief reicht ihr Wesen." (Fr. 45) Es reicht in den tiefsten Sinn der Welt, wird eins mit dem LOGOS.

Die Dimension der Seele ist nicht abgrenzend zu definieren, weil es sich dabei nicht um einen räumlichen Bereich handelt. Doch die Übergänge und Vermischungen bei der Berührung der seelischen Dimension mit anderen Dimensionen sind zu erforschen. So meinte Heraklit zu erkennen, dass unter materiehaftem Aspekt die Seele im engsten Bezug zum Wasser stehe. Das war bereits dem mythischen Bewußtsein bekannt, doch faßte es diese Beziehung eher symbolisch. Heraklit glaubte, dass die Weltseele, zu der die Einzelseele nach ihrer Trennung vom Einzelkörper zurückkehrt, in konkretem Sinn eine verwandelte Ausdünstung des Wassers sei. Allein, es ist bereits falsch – falls man die Erkenntnisweise Heraklits zutreffend nachvollziehen will - von einer Trennung der Seele vom Körper zu sprechen. Der Vorgang ist wohl genauer so vorzustellen, dass sich die Seele durch den sich auflösenden Leib zu ihrem Ursprungselement, zur Weltseele hin löst. Wäre von hier aus der rätselhaft-unheimliche Spruch zu deuten: „Die Seelen riechen im Hades." (Fr. 98)? Zumindest ist zu verstehen, warum es Heraklit zufolge eine „Lust" für die Seele ist, „feucht" zu werden (Fr.77). Der Tod ist die Lust der Seele; ihre Erlösung. Für Heraklit reicht die Dimension der Seele in den Tod hinein. Leben und Tod sind der Seele zwei Zustandsweisen ihrer selbst. Im Schlaf berührt das menschliche Wissen den Todesaspekt der Seele; der Mensch weiß ahnend von der seelischen Existenzweise im Tod, so wie er im wachen Zustand eine Ahnung vom Wirken der Seele im Schlaf hat. Dies Wissen ist ein Wissen des LOGOS. In seinem Licht, so glaubt Heraklit, sieht der Mensch auch noch, wenn sein Augenlicht erloschen ist (Fr.79). Die Seele ist durchschienen vom LOGOS. Sie steht in innigster Verbindung mit ihm, wird im Grund ihres Wesens eins mit ihm. Seele und LOGOS stehen in der selben Verbindung wie Wasser und Feuer, die Heraklit nicht als einander gegenseitig ausschließende Elemente gedacht hat, sondern als Zustände, in denen sich das Ganze des dynamischen Weltgeschehens jeweils verschieden verwirklicht, Zustände, die das Einzig-Eine als das Ein-und-Dasselbe je hell oder dunkel, feucht oder trocken, unbewußt oder bewußt zeigen. Dem Menschen, der an den wechselnden Zuständen des Einzig-Einen teilhat, ist während des Wachseins der wissende Bezug zum LOGOS aufgetragen. Jedoch kann dieser Bezug nur von der Seele aus, durch ihre im Lichtkreis des LOGOS gesammelte Wahrnehmungskraft geschehen. Die Seele ist das Medium der Bereitschaft für die Wahrheit. Der Mensch ist seelisch in den Anspruch der Wahrheit gestellt. Deshalb darf der wach lebende, vom Licht des LOGOS durchwaltete Mensch der Lust der Seele nach dunkel-verschwimmendem Traum und Tod nicht nachgeben. Hierin sah Heraklit eine Gefahr für die Orphiker. Der wache Mensch des hellen Bewußtseins ist dazu berufen, das dunkle Wasser der Seele vom trockenen Wissen des Geistes aus zu meistern, das heißt, auf der Grundlage des unbewußten seelischen Wissens bewußt zu handeln. Hierzu ist Jean Gebsers Interpretation des Übergangs vom mythischen zum mentalen Bewußtsein zu vergleichen. Er zeigt, wie dieser Übergang symbolisch in Odysseus´ gelungener Heimkehr nach der Irrfahrt auf dem Meer oder im Schreiten Jesu auf dem See Genezareth zum Ausdruck kam.[4]

Für Heraklit ist die trockenste Seele die weiseste (Fr. 118), weil sie sich dem Feuer des LOGOS, der ihr wesensmäßig verwandt und als männlich-heller Gegenpol, doch gleichzeitig verschieden von ihr ist, zur elementaren Durchdringung geöffnet hat. Wir befinden uns am Beginn des geistigen Abendlandes, dem aus Furcht vor drohender Nacht das helle, nüchterne Bewußtsein fast als das einzige in seiner weiteren Entwicklung gelten wollte. Am Beginn dieser Entwicklung ist die Erhellung noch keine Verneinung des Dunkels; noch steht der aufklärerische Geist nicht als verbrennend-vernichtender „Widersacher" der Seele (Klages) gegenüber. Das dunkle Wissen der Seele, ihre lebensfördernd-feuchte, bergend-hingebungsvolle Fähigkeit zu Bereitschaft und Empfängnis wird vom Wissen des LOGOS eben als dunkel, ihm immer verborgen, weil von ihm verschieden gewußt – also nicht als in sein helles Wissen schließlich doch noch zu übersetzen und damit zu vernichten. Der bewußten Erkenntnis verbirgt sich immer wieder das Wesen des Daseins, da dies ebenso im Dunkeln wie im Hellen west. Die nächste unmittelbarste Gewissheit der Erfahrung, das Sein, entzieht sich dem Denken immer neu, sodass die im LOGOS aufscheinende Wahrheit plötzliches Entbergen eines immer vorhandenen, im Dunkel des Seelengrundes geborgenen

Wissens ist. Es ist anwesend-abwesend (Fr. 86), bezeugt sich, aber läßt sich nicht erfassen. Ihm, dem Geheimnis des Seins, gilt die Ehrfurcht des Philosophen.

Dunkel und hell, feucht und trocken, unbewußtes Wissen der Seele und bewußtes Wissen des Geistes wirken zusammen in der Erkenntnis wahrgenommener Wirklichkeit. Die ist ein Hauptthema von Heraklits Denken. Auf den Streit der Gegensätze im Sinne der Bestreitung von Wirklichkeit wird später noch näher einzugehen sein. Hier soll lediglich darauf hingewiesen werden, dass die Aufwertung des Hellen, die Parteinahme für das bewußte Wissen des LOGOS und damit die Eröffnung einer neuen, nämlich geistig-bildlos akzentuierten Dimension des Denkens, innerhalb einer vorherrschenden seelisch–bildhaften, dunkel–ahnenden Art und Weise des Denkens geschah: innerhalb des an die Grenze seiner Erkenntnismöglichkeiten gelangten mythischen Denkens, welches wesentlich ein Dichten gewesen war.

Dass wir heute, am Ende der damals einsetzenden Abstraktionsbewegung des Denkens, das bereits seit Aristoteles fast ausschließlich begriffliches Denken wurde, dies Denken im Zeichen der extremen Trennung von Dichtung und Philosophie in umgekehrter Richtung mit neuer Erfahrung unmittelbarer Wirklichkeit erfüllen müssen, wird immer deutlicher. Wie dies geschehen kann ohne auf vorrationale Denkstufen zurückzukehren, ist die dringlichste Frage des Denkens bereits seit Kant und Hegel, für welche die Aufgabe der Philosophie nicht in weiterer Abstraktion bestand, sondern in der Konkretion der leer gewordenen Begriffe; Marx hat der Konkretion des Denkens dann ihr materialistisches Gewicht verliehen; Schopenhauer und Nietzsche vollzogen sie erlebnismäßig. Den dunklen Grund auf dem alles helle Wissen begrifflich-abstrakt errichtet worden ist, neu in die Wahrnehmung zu bringen – diesem Auftrag als sprachlichem Gebot ist dichterisch vor allem Hölderlin gefolgt. Er hat eine neue Verbindung von Mythos und Denken vorbereitet, hat den LOGOS der Griechen als Sprache vom Grund her neu im Deutschen gedacht. Von seiner Sprache her kann für uns Deutsche vielleicht erst offen in die Zukunft gedacht werden, falls wir nicht bloß über die Zukunft nachdenken wollen.

Das Göttliche in der Seele

Heraklits Auffassung vom LOGOS als das der Seele zugeeignete Licht, das, sie durchstrahlend, ihre Einheit doch nicht vernichtet, unterscheidet sich von einer einseitigen Wertung des logisch-rationalen Denkens, weil das Geheimnis der Seele als Geheimnis gewahrt bleibt. Noch deutlicher wird dies bei Heraklits Einstellung zur Religion. Zornig wandte er sich gegen eine äußerliche, nur auf überkommenen Mythen und Ritualen beruhende Religiosität, der sich längst das Wesen des Göttlichen entzogen hatte. Die mythische Kraft von Götterbildern ist seiner Meinung nach dem neuen, hellen Bewußtsein gegenüber wirkungslos geworden. Wer die Götter in den aus der Vergangenheit überlieferten, von einer Priesterkaste verwalteten Vorstellung anbeten wolle, könne nie ihr Wesen erreichen, sagte er. (Fr.5) Die Götter zeigen sich anders in verschiedener Zeit; das Erscheinen des Göttlichen ist wie das des Geistes nicht unabhängig von der Geschichte. Deshalb lehnt es Heraklit ab, die Götterbeschreibungen Homers oder Hesiods als überzeitliche Wahrheiten wörtlich zu nehmen (Fr. 42, 57).

Für Heraklit galt es, dem neuen Bewußtsein entsprechend die Anwesenheit der Götter in den Wirkkräften der Natur zu erspüren, etwa das Feuer als göttlich zu erkennen, nicht bloß als Symbol für Göttliches. Aristoteles hat in einer Anekdote überliefert, wie Heraklit sich am Herd wärmend, Freunden, die an seine Türschwelle traten, zurief: „Kommt nur herein, hier am Herd wohnen auch Götter." (22A9) Also nicht nur im Tempel, nicht nur beim Ritual, ist Göttliches anwesend, sondern überall und bei allem Tun – für den, der es zu erkennen weiß.

Zuvörderst galt es für Heraklit, das göttliche Wirken in der eigenen Seele wahrzunehmen. Er verkündete, dass in seiner Seele der Mensch dem Göttlichen am allernächsten sei. Doch den meisten Menschen ist das, was ihnen eigentlich das nächste sein sollte, am unvertrautesten. „Sie sind uneins mit dem LOGOS. Worauf sie alle Tage stoßen, ist ihnen fremd." (Fr. 72) Der weise Mensch, der das Licht des LOGOS in seiner Seele erstrahlen läßt, ist dem Wirken des göttlichen Gesetzes, dem Schicksal, näher als andere, die solche Nähe des Göttlichen nicht spüren. Deshalb ist der Weise zur Weis–Sagung berufen. In der Weissagung verbindet sich das helle Wissen um die wirkende Kraft des LOGOS, um seine Schicksals-Gesetzlichkeit, mit dem dunklen, Zeit und Raum überwindenden Ahnen der Seele, welches dieser in

Traum und Vision zuteil wird. Im Vollzug solcher Verbindung von aktivem und passivem Wissen, von Ratio und Intuition, reicht der Mensch an göttliches Wissen heran. Es ist dies das Wissen des Meditierenden, der im Zustand entspannter Ruhe zugleich von gesammelter Wachsamkeit ist. (Dem Wort LOGOS ist im Griechischen das Wort LEXOS verwandt: der Ort, wo man sich zur Ruhe sammelt.) Dabei wird, was dem körperlichen Auge sonst unsichtbar ist, geschaut. Dann ist es möglich, „Zukünftiges zu wissen, Bilder unbekannter Stätten zu sehen, Gestalten lebender oder toter Menschen wahrzunehmen." (Fr. 40)

Der kultisch organisierten, einzig den Priestern vorbehaltenen Weissagung mißtraut Heraklit, während er den Anteil des LOGOS an der Weissagung einzelner, durch ihre Weisheit dazu berufener Menschen nicht bezweifelt. Diese Berufenen sind freilich auch durch die Fähigkeit ausgezeichnet, der sich zeigenden Schicksalswahrheit ins Auge zu sehen – so wie die Sybille, wenn sie vom Gott erfüllt, das Schicksal von Jahrhunderten überblickt. Dem Anblick der Schicksals-Wahrheit („Karma" der Inder), „ungeschminkt, ungeglättet, von keinem Lachen entschärft" (Fr. 92) hält nicht jeder stand.

Charakter und Schicksal

Näher am vertrauten Wissen ist es, wenn durch Erforschung der Seele das Wesen eines Menschen im Sinn seiner Persönlichkeit erkannt werden soll. Psychologie, die Wissenschaft solcher seelischen Gesetzmäßigkeit, ist auch Weissagung. In der Erkenntnis der Charaktergestalt einmaliger Seelenwirklichkeit enthüllt der LOGOS persönliches Schicksal. „Die Eigenart eines Menschen ist sein Schicksal." (Fr. 118) Darauf weist nach Heraklit der delphische Orakelspruch hin. Das zeitlich sich entfaltende Wesen eines Menschen können wir deshalb sein Schicksal, sein in der Gegenwart versammeltes und sich zeigendes Wesen können wir seinen Charakter nennen. Schicksal (DAIMON) und Charakter (ETHOS) sind deshalb doch nicht unterschiedslos. „Wir sind es, und wir sind es nicht." (Fr.51) An der Erfahrung des Flusses, der für ihn mehr als bloß Symbol der Wirklichkeit war, mag Heraklit die im menschlichen Wesen waltende Einheit von gegenwärtigem Dasein und sich erstreckender Zeit aufgegangen sein. Goethe, der in dieser Erfahrung seine eigene wiedergefunden hatte, sprach von der „geprägten Form, die lebend sich entwickelt" und war damit – wie ja auch das Gedicht „Dauer im Wechsel“ zeigt – dem Denken Heraklits näher als dem des Aristoteles, obwohl er dessen Entelechie-Begriff so gerne benutzte.[5]

In der Polarität des je neu nachzuvollziehenden „Ich bin es“ und des „Ich bin es nicht“ bewegt sich menschliche Existenz. Sie weiß sich als zeitlich. Nicht nur wird durch solches Wissen die Selbstigkeit von Schicksal und Charakter erfahren und damit die Lebensbahn eines Menschen erahnbar; nicht nur wird ferner von solchem Wissen das Loslassen jeglicher momentanen Verkörperung eigenen Wesens als einer ohnehin transitorischen geboten – in solchem Wissen, der gelebten Dialektik von Zeit und Augenblick, eröffnet sich Überzeitliches: die Dimension des unablässig neu aus sich selbst entstehenden LOGO (Fr.115). LOGOS läßt das Wesen des ihm entsprechenden Menschen als das Unwandelbare im Wandelbaren – und nur in diesem! – aufscheinen. LOGOS bestimmt die Einmaligkeit eines Menschen: sein Gesetz, auch sein Verhängnis.

Die Polarität von bestimmtem Schicksal und bewußter Einsicht in die Bestimmung umschließt das Grundproblem abendländischer Ethik: das Problem des freien Willens. Es ist von Heraklit in den Denkbereich gebracht worden; er hat das Problem nicht gelöst. Genausowenig wie es in der Tragödie gelöst wird, wiewohl dort der erlebte Nachvollzug der Schicksal-Freiheit-Dialektik eine gefühlsmäßige Lösung, die tragische Katharsis, zu bewirken vermag. Die Einheit dessen, was sich im Denken als Widerstrebendes darstellt, kann das Kunstwerk im körperlich-seelischen Gefühlserleben vermitteln und dadurch zu einer überrationalen Einsicht in die waltende Einheit verhelfen. Heraklits Denken wurzelt in dieser überrationalen Erfahrung. Nietzsche nannte ihn einen tragischen Philosophen, weil er die großen Polaritäten, welche die menschliche Existenz bestimmen, unvermindert durch rationales Harmoniebedürfnis in voller Spannweite dachte. Und dadurch ihre verborgene Harmonie ehrte! In dieser Harmonie, derjenigen des LOGOS als Wille, sind überpersönliches Geschehen und persönliches Wollen vereint, ohne ineins zusammenzufallen.

Psychosomatische Entsprechung

Charakter und Schicksal verhalten sich wie Augenblick und Zeit zueinander. Deshalb kann die vielgerühmte Charakterstärke nicht Eigenschaft eines starren Charakters sein. Stärke ist etwas anderes als Verfestigung oder Unnachgiebigkeit. Stärke ist der Wille zur Wandlung: „Wolle die Wandlung! Sei für die Flamme begeistert!" (Rilke); „Jene lob ich, die sich wandeln und dabei sie selber bleiben." (Brecht) – solche Verse sind im Geist Heraklits gedichtet. Wo der Charakter zum Panzer erstarrt, der das Fließen der Zeit, damit das Fließen der Lebenssäfte und kosmischen Energien, zum Stocken bringt, entsteht Krankheit, schließlich ein Sterben, das verschieden ist von dem im Pulsieren des universellen Werdens und Vergehens dem Menschen als „Sterblichem" zugeteilten Tod. Ein der menschlichen Natur nicht entsprechender Tod muss als sinnloses Verenden eines aus kosmischer Gesetzmäßigkeit gefallenen Organismus erfahren werden. Heraklit unterscheidet zwischen verschiedenen Arten des Todes ebenso wie er qualitativ verschiedene Arten von Leben kennt (Fr. 25).

Die antike Medizin baute auf solche Einsicht in das Wesen der Krankheit ihre Heilmodelle auf. Dass der Lebensstrom – vor allem in Form von „Körpersäften" – richtig fließen kann, war eines ihrer Hauptanliegen. Stockungen oder Überfunktionen sollten durch Ansporn oder dämpfende Gegenmaßnahme ausgeglichen werden. Heraklits Auffassung vom sinnvollen Zusammenwirken der Gegensätze ist etwa im medizinischen Bemühen des Hippokrates deutlich zu erkennen.

Das waltende Wirken des LOGOS prägt sich, einfühlend vermittelt durch die Seele, dem Körper ein. Die zusammenwirkende Einheit der drei ist für die antiken Griechen das Feld der Wirklichkeit. Im freien nackten Leib, bewegt vom kosmischen Strom, der gefühlt und im Licht des LOGOS gewußt wird, verkörpern sich Seele und Geist. Anderseits sind Seele und Geist nicht unabhängig von Gestalt und Befindlichkeit des Körpers. Es besteht also kein einseitiges Beherrschungs- oder Unterdrückungsverhältnis. Die Seele muss nicht zum Kampfplatz körperlicher Ansprüche und geistiger Versagungsgebote werden wie in der jüdisch-christlichen Tradition. Wie es als Perspektive freilich auch aus den Eros-Dialogen Platons herauszulesen war! Doch handeln diese wohl eher – parallel zu einer zunehmenden Verfeinerung der Erotik im nachsokratischen Griechenland – von der Begegnung des Körpers mit dem Geist im ebenso erfühlten wie angeschauten Schönen. Für Heraklit ist der fließende Übergang zwischen Körper und Seele ein gegenseitig sich förderndes Verhältnis beider. Deutlich hat er dies mit dem Bild von der Spinne und ihrem Netz veranschaulicht; es kann im Sinne der Psychosomatik verstanden werden: „In der Mitte ihres Netzes merkt die Spinne, wenn ein einziger Faden des Netzes von einer Fliege zerrissen wird. Als sei sie selbst verletzt eilt die Spinne zur zerrissenen Stelle. So eilt des Menschen Seele dorthin, wo ein Teil seines Körpers verletzt ist, als sei sie selbst verletzt." (Fr. 67) Weil der Seele der LOGOS eigen ist – der sich, wie es in Fragment 115 heißt, aus sich selbst vermehrt – steht er, da ja die Seele dem Körper eigen ist, auch in Verbindung zum Körper. Die Seele bezieht ihre den Körper heilenden Kräfte vom LOGOS. LOGOS selbst ist nicht von irgend einem jenseitigen allgemeinen Prinzip gezeugt, gespeist oder erhalten. Ihm, der den Ursprung des Seienden birgt, entstammt alle Heilung. In magischen Zeiten hat man vom heilenden Wort viel gehalten; noch bei Homer gibt es eine Stelle (Ilias 15,393), wo die Leiden eines Verwundeten mit LOGOI gelindert werden. „Ihn mit Worten erfreuend", übersetzt Voss, und Schadewaldt meint, dass der Verwundete mit Geschichten abgelenkt worden sei.[6] Beides ist wohl zu harmlos und rationalisierend interpretiert; bei jenen LOGOI handelt es sich eher um alte Zauberworte, die in höchster Not unmittelbar als heilige Verlautungen des Urlautes LOGOS gesprochen werden dürfen.

So mehrt und heilt sich der Körper, der LOGOS als Grund seiner Seele vernimmt, aus sich selbst. Das göttlich Bewirkende und Schaffende kann dem Körper an sich selbst erscheinen als sein zugleich Sichtbarstes und Geheimnisvollstes. Die gymnastische Körperkultur der Griechen gründete im LOGOS, weil der schöne, gesunde Körper für sie erkennbarer Ausdruck des LOGOS war. Der heutige Sport ist von solcher Körperkultur ebenso weit entfernt wie das logisch-planende Denken vom LOGOS.

IV. LOGOS

Wort und Sein

Wiederholt ist bis jetzt der Begriff LOGOS benützt worden. Der Bedeutungsakzent war dabei jeweils verschieden gesetzt. Es wurde darunter verstanden: allesbewirkende Kraft, gesetzmäßiges Grundprinzip in Natur und Gesellschaft, Vermittler von Ratio und Intuition, Versammlung von Bewußtsein und materiellem Sein, geistiges Licht der Seele, Erscheinung der Wahrheit, göttlicher Anteil des Menschen, Sein des Seienden. Was meint nun der Bergriff LOGOS „eigentlich"? Die Antwort muss lauten: alles des bereits Erwähnten und noch mehr. Eine enge Definition des Begriffs kann nicht gegeben werden. Trotzdem sollte sein Gebrauch nicht beliebig für alles möglich sein, was man sich „irgendwie" darunter vorstellt. Die verstehende Eingrenzung des Begriffs zwischen „eigentlich" und „irgendwie", seine Deutung also, ist zu versuchen. Deutung, im Unterschied zur Definition, kreist einen Begriff ein, ohne seine Bedeutungsvielfalt zu verwischen.

Die Deutung des LOGOS–Begriffes kommt heute nicht umhin, von Heideggers Interpretation frühgriechischer Texte auszugehen. Durch diese Interpretationen aus den vierziger und fünfziger Jahren - deren Aktualität für die jetzige Bewußtseinslage leicht unterschätzt wird – wurde die seinsgeschichtliche Bedeutung der frühgriechischen Denker für unsere Gegenwart erschlossen. Heidegger versuchte, die bis dahin geltende Auffassung dieser Denker als Vor-Sokratiker, Vor-Platoniker oder Vor-Aristoteliker zu überwinden. Er zeigte, dass bei den frühen Denkern, insbesondere bei Heraklit, nicht ein noch unfertiges, durch die späteren Philosophen erst ergänztes Denken vorliegt, sondern dass das frühe Denken in sich vollendet ist. Doch ist es verschieden vom späteren rationalen Denken, denn es steht in einem anderen Bezug zum Sein. Die theoretische Trennung späterer Metaphysik von immanentem und transzendentem Seienden, Ergebnis platonisch-christlicher Zwei-Welten-Vorstellung, ist noch nicht vollzogen. Alles Seiende wird zuvörderst von seinem Sein als solchem her erfahren.

Bereits in „Sein und Zeit“ hatte Heidegger vom LOGOS gesprochen als demjenigen, welches das Erscheinende zum Scheinen bringt. Später ging Heidegger bei seiner Auslegung von der zusätzlichen Bedeutung des LEGIN als „sammeln, auflesen, vorlegen“ aus und beschrieb das Sagen des LOGOS als „gesammelt–sammelndes Beisammen–vorliegen-Lassen“ des vielfältig Seienden.[7] Die besondere Beziehung von Sprache und Sein versuchte Heidegger so vom LOGOS-Begriff her zu fassen und kam zu dem Ergebnis, dass durch die Sprache das Seiende in seinem Sein erst zum Vorschein kommt. „Was geschieht, wenn das Sein des Seienden, das Seiende in seinem Sein, wenn der Unterschied beider a l s Unterschied zur Sprache gebracht wird? ‚Zur Sprache bringen‘ heißt für uns gewöhnlich: etwas mündlich oder schriftlich auszudrücken. Aber die Wendung möchte jetzt anderes denken: zur Sprache bringen: Sein in das Wesen der Sprache bergen. Dürfen wir vermuten, dass solches sich vorbereitete, als für Heraklit LOGOS zum Leitwort seines Denkens, weil zum Namen des Seins des Seienden wurde?“[8]

Wolfgang Schadewaldt, der sich in den sechziger und siebziger Jahren um die Deutung des LOGOS-Bergriffes bemüht hat, betont gegenüber Heidegger den strukturalistischen Aspekt von Heraklits Auffassung des LOGOS. Er hebt die Bedeutung des LEGEIN als rechnen, aufzählen hervor und meint, durch den LOGOS würden die gesetzmäßigen Proportionen, die alles Seiende bestimmen, faßbar. Bezüge würden erkannt, die sich beim oberflächlichen Hinschauen nicht zeigen; also auch nach dieser Auffassung bringt LOGOS im vielfältigen Seinenden den gemeinsamen Aspekt ins Bewußtsein. Schadewaldt sieht moderne Naturwissenschaft und Technik als Folge und konsequente Ausprägung des LOGOS; er nimmt dadurch eine rationalistische Gegenposition zu Heidegger ein. Dass beide Positionen möglich sind, liegt an der schon erwähnten Doppeldeutigkeit der frühgriechischen philosophischen Texte, welche sich aus ihrer Vermittlerfunktion zwischen mythischem und rationalem Denken ergibt. Für unseren Deutungsversuch mag es zunächst hilfreich sein, die obige Auffassung Heideggers mit der folgenden Schadewaldts zusammenzusehen, in der er LOGOS als Wort und Sinn bestimmt: „Nicht das gesprochene Wort, nicht der subjektiv gedachte Sinn, sondern das Wort im Sinn jener umfassenden, seinsbestimmenden, göttlichen Proportionalität, die das Sein trägt.“[9]

Für beide, Heidegger und Schadewaldt, drückt sich im LOGOS-Begriff eine Erfahrung aus, in welcher der tragende Grund und wirkende Sinn menschlicher wie kosmischer Wirklichkeit sich zeigt. Die Grunderfahrung selbst ist jenseits der Wörter: Erfahrung des Seins. Das Sein ermöglicht alles Seiende erst, auch die Sprache. Doch ist die Sprache nicht nur ein Seiendes unter anderem. In der Sprache kommt das Seiende zum Bewußtsein. Sie wird dadurch zum Vermittler zwischen Sein und Bewußtsein. In Sprache eignet Seiendes als sich Wissendes sich selbst an. Sprache erhellt im Seienden dessen immer neuen Ursprung: das Sein. LOGOS ist also das Seiende, das vom Grund her ums Sein weiß.

LOGOS kommt von LEGIN, „reden", „sagen" und heißt „Wort". Als Urwort, das unmittelbar aus dem Grund vom Sein selbst geäußert wird und dadurch Statthalter des Seins ist, begegnet uns der LOGOS-Begriff zu Beginn des Johannes-Evangeliums: „Im Anfang war LOGOS. Und LOGOS war Gott. " Das christliche Verständnis des LOGOS beruht dabei auf spätantiken Vermittlungen der platonischen Zweiweltenlehre, welche das Göttliche als transzendent von der menschlichen Wirklichkeit trennt, als jenseits, vorher oder nachher. Im vorplatonischen griechischen Denken war die Zweiweltenvorstellung und damit die meta-physische Vorstellung von der Welt wie gesagt kaum vorhanden. Noch in Platons Schriften selbst tritt das Göttliche nicht so sehr in der Transzendenz als vielmehr in der Transparenz des Seienden hervor. So meint LOGOS auch bei Heraklit nicht zuerst das Vermittelnde eines Jenseits mit einem Diesseits, sondern die Weise, in der sich die Anwesenheit des Göttlichen in der Welt offenbart.

Sprache erhält als LOGOS im urspünglichen Sinn eine über Ausdrucks- und Mitteilungsfunktion hinausreichende Bedeutung. Dynamischer akzentuiert als bei Heidegger und Schadewaldt ließe sich sagen: durch Sprache wird die Wirklichkeit für uns geschaffen. Als LOGOS besitzt Sprache jene Macht, die magisches und mystisches Denken ihr fraglos zuschrieben. LOGOS ist deshalb auch das moseaische Schöpfungswort: „Und Gott sprach, es werde Licht. Und es ward Licht." Schöpferisches Wort, jeden Moment neu Wirklichkeit werdend, ist das im Schweigen gehütete Wort, von dem Meister Eckhart predigt, als er zum Ausdruck bringen will, dass Gott durch das menschliche Bewußtsein hindurch im „Ewigen Jetzt" fortwährend die Welt erschafft. Sprachtheorien wie diejenigen Hamanns, Herders und Humboldts, die sich nicht mit einer bloß instrumentalen Auffassung der Sprache als Kommunikation begnügten, haben die Erinnerung an dieses Verständnis der schöpferischen Macht von

Sprache wachgehalten. Daran anzuknüpfen ist gegenwärtig umso mehr geboten als die hemmungslose, aus aller Hütung und Besinnung entlassene Sprachflut unseres technischen Lärmzeitalters das lebendige Wort als schöpferischen Laut fast übertönt, während sein Sinn von den rechnenden Maschinen vereinnahmt wird.

Urlaut

LOGOS ist Laut. Nicht irgendein Laut, sondern Laut mit Sinn, in dem das Weltall werdend ertönt. Immer gegenwärtig ist der Urlaut: „Die Sonne tönt nach alter Weise in Brudersphären Wettgesang." (Goethe) So tönen auch Erde und Menschenwirklichkeit. Wegen der rationalen Struktur des modernen Bewußtseins, welchem Sichtbares vor Hörbarem zum ersten Wirklichkeitskriterium von Wahrheit geworden ist, haben wir trotz des ständig zunehmenden Lärmes vergessen, dass die Welt auch, vielleicht sogar ursprünglicher, ein tönender Schwingungszusammenhang ist. „Nada Brahma. Die Welt ist Klang." Dies ist der Titel eines Buches von Joachim-Ernst Berendt, worin Erkenntnisse der esoterischen Tradition und Ergebnisse neuer Wissenschaften miteinander in Verbindung gebracht worden sind, um die Welt als akustisches Phänomen zu deuten. LOGOS ist einer der Grundbegriffe des Buches. Besonders in die mantrische Meditationstechnik ist Berendt zufolge die Erfahrung des LOGOS als schöpferischer Urlaut eingegangen.[10] Die tibetanischen Mönche etwa haben ihre Mantra-Technik soweit entwickelt, dass es einer einzigen Stimme möglich ist, durch Einbeziehung der Obertöne ganze Akkorde zu singen. Das Anhören dieses Klanges, der verschiedene Töne gleichzeitig ertönen läßt, kann zum Erlebnis werden. „Alles geschieht nach dem LOGOS." (Fr.1) Gegensätzliche Töne klingen zusammen; Auseinanderstrebendes stimmt im einenden Ur-Klang überein (Fr. 25, 27). Verborgene Harmonie des Geschehens wird im Gesang laut. LOGOS bringt das Einende des Seins in der klingenden Vielfalt von Seiendem zu Gehör. Er versammelt die Vielheit in den einen Klang, durchtönt die Welt in ihrem Werden und Vergehen als Anschwellen und Abschwellen singenden Sagens. Auch dies ist wieder körperlich zu erfahren: im Atem. Der Atem verbindet ja den Menschen nach Heraklit unmittelbar mit dem Kosmos. HYLE ist der Stoff des LOGOS. Ohne Atmen kein Wort. Im Ein- und Ausatmen pulsieren Weltgeschehen und Menschengeschehen als gegenwärtiges Geschick. Der Atem bleibt noch immer das uns zuallererst und bis zuletzt geschickte Geschenk von der Außenwelt, das wir schenkend zurückschicken im ursprünglichsten Austausch von innen und außen. Bewußtes Atmen wird zum lebendigen Bedenken dieses Geschehens. Denken, indem es der atmenden Bewegung des LOGOS folgt, erspürt das gestaltende Weltgesetz des Schicksals: ewiges Auf und Ab, wechselnd zwischen Sättigung und Mangel (Fr. 60). Die Bewegung des Atems spricht sich im sagenden Laut aus – unmittelbar materiell und zugleich als Bewußtseinsreflexion. LOGOS in Gestalt mantrisch denkenden Dichtens wird zum pneumatischen Gebet. So geschieht der Schöpfungsakt, da dem Wort neue Wirklichkeit entspricht. Ungeschieden sind Ratio und Intuition, Bewußtsein und materielles Sein. Fortwährend ist der gemeinsame Ursprung von Meditieren und Kunst, Denken und Tun zu erleben. Unverbraucht bleibt der Klang, der uns Menschen im einen Atem verbindet.

Solchem Klang ge-hört die Sprache, die vor aller Ausdrucks- und Kommunikationsfunktion den Verbund unseres Menschseins stiftet. Diese Sprache kann Maß und Gesetz des gemeinsamen Geschicks künden und erst so zur Grundlage weiterer Gesetze werden; zur Grundlage von Gesellschaft und Staat. Je deutlicher sich Sprache unmittelbar dem schweigenden Vernehmen des atmenden Urklangs entringt, desto stärker ist ihre Wirkkraft, das heißt schöpferische Macht.

LOGOS als Laut kann zur klingenden Macht werden. „Tat" ist die Übersetzung, die Goethes Faust wählt, nachdem ihm „Wort" und „Kraft" nur ungenügend den schaffenden Aspekt des LOGOS-Begriffes wiederzugeben vermochten. Nicht umsonst auch trachteten die chinesischen Weisen, bei denen sich magisch-mythisches Wissen zu höchster Klarheit ausgeformt hatte, in Epochen der allgemeinen Wirrnis danach, die Herrschenden zu veranlassen, die Musik des Reiches neu zu be-stimmen. Die Bewegung des lebendigen TAO sollten fürs Volk hörbar sein. Dadurch konnten die Menschen seelisch in Einklang gebracht werden mit den geänderten Schicksalsbahnen von Natur und Gesellschaft.

Licht und Gesetz

Die Wörter LEGEIN und LOGOS gehen auf den indogermanischen Stamm l-e-g zurück. Aus ihm sind auch Wörter wie lyche, lucere, lux, Leuchte, Licht abgeleitet. Die

Sprache weist hier auf eine ursprüngliche Verbindung von Laut und Licht hin. Der mystischen Tradition ist diese Verbindung nicht fremd. Zur geheimnisvollen Identität von Urlaut, der nicht mit dem körperlichen Ohr hörbar ist, dem Urlicht, das nicht mit dem körperlichen Auge zu sehen ist, dem gleichwohl alles Sichtbare erst seine Erscheinung verdankt, finden sich Andeutungen schon in den taoistischen Schriften. Noch bei Meister Eckhart ist der göttliche Funke im Seelengrund gleichbedeutend mit dem Wort, das Gott im Schweigen spricht. Es ist eine konkrete meditative Erfahrung, die sich in solcher Gleichsetzung widerspiegelt. Die in der Versenkung gelingende Wahrnehmung derjenigen Quelle, aus welcher Hörbares wie Sichtbares, Seele wie Geist stammen, ist hier angesprochen. So ist der LOGOS des Heraklit – der Klang, der die Einheit verkündet – auch zu verstehen als das Licht, welches die Vielheit des mythisch vernommenen Seienden in die Sicht versammelt, indem es das Seiende in seinem ursprunghaften Sein erscheinen läßt. Im Licht des LOGOS blitzt die Einheit des Seienden auf. „Alles jedoch steuert der Blitz." (Fr. 64) Im Aufblitzen des LOGOS wird jedes Seiende an dem ihm gebührenden Ort in der Einheit versammelt. Die Einsicht (am englischen „look" ist die Verbindung von „sehen" zum Stamm l–e–g noch zu erkennen!) in die Einheit enthüllt das Seiende auch als verbunden in seinem Werden und Vergehen: durch den LOGOS der Bewegung. Der LOGOS ist somit auch das Gesetz („lex" geht ebenfalls auf l-e-g zurück!), das alles Wandlungsgeschehen durchwirkt.

Die philosophische Erfahrung, die sich am Wendepunkt angesiedelt hat, dem Ort der je-weiligen Verweilung des Geschehens im Jetzt, wo Gewesenes und Kommendes gegenwärtig sich versammeln und so ihr Gemeinsames enthüllen, vermag den gesetzwirkenden LOGOS, der Vergangenheit und Zukunft umfaßt, zu denken. Früher wurde das Gesetzwirkende als Gott vorgestellt. Im griechischen Mythos war der dem Blitz gebietende Gott Zeus gesetzgebend wie ein König. „Eins, das allein Wahre, will und will nicht mit dem Namen des Zeus benannt werden." (Fr.32) Der LOGOS ist dem schicksalsteuernden Gott ähnlich und ist doch nicht der gleiche. Der LOGOS ist auch dem Gesetz des späteren logischen Denkens und des mechanistisch verstandenen Naturzusammenhangs verwandt und ist doch davon verschieden. Wenn wir diese doppelte Differenz denken, eröffnen wir uns die Einsicht in den LOGOS als Gesetz von Geschehen und Verhalten.

V. BESTREITUNG DER WIRKLICHKEIT

Das Eine, das Viele und der Gegensatz

Wenn zuletzt hier Einheit und Gegensatz Polarität und Streit thematisch gesondert behandelt werden, begegnet dabei nochmals das meiste des bis jetzt Erörterten. Deshalb mögen diese abschließenden Anmerkungen als wiederholende Zusammenfassung des Bisherigen gelesen werden.

Der LOGOS kündet Einheit. LOGOS ist nicht alles als Eines. In ihm entspricht sich das Viele als Verbundenes. LOGOS versammelt das Unterschiedliche, um es im Licht gleichen Ursprungs erscheinen zu lassen. Bei der Innenschau, wenn die materielle Sonderung des Vielen dem Blick schwindet, wird der Ursprung als geistige Gemeinsamkeit des Vielen erkannt. Die Einsicht ins Einend-Eine, welche jenseits der Subjekt/Objekt-Beziehung von Beschauer und Geschautem sich schließlich ereignet, ist selber LOGOS. Dieses dem Blick momentan sich zeigende Einssein ist nicht statisch zu fassen. Es kann immer nur aus stets wechselnder Erlebnis-Vielfalt heraus erfahren werden; deren Wandelbewegungen münden in die Einheit des LOGOS im Jetzt. EN PANTA und PANTA RE: Alles ist eins – und alles ist im Fluß. Fluß ist Einheit für Heraklit, wie für die östliche Mystik oder die neuere Physik. Im Fluß herrscht eine Gesetzlichkeit, welche Vielheit und Einheit vermittelt: LOGOS, Welt und Mensch durchwirkend. Was uns trägt, ist kein jenseits ruhendes Schöpfungsprinzip, sondern etwas, das anders als in werdender Weltäußerung gar nicht sich realisieren kann. Das Einende faßt das Viele nicht wie ein Behälter. Die Verschiedenheiten sind dynamische Phasen der erscheinenden einen Wirklichkeit. Derselbe Fluß und nicht derselbe: ewiges Werden; damit auch ewiges Vernommenwerden, Wahrgenommenwerden, ewiger Bewußtseinsstrom. Es ist ein und dasselbe, das sich als Lebendes und Totes, Wachendes und Schlafendes, Junges und Altes, Eingefaltetes und Ausgedehntes, Verbundenes und Getrenntes offenbart (Fr. 88). Eins wandelt sich ins andere und hört damit auf, es selbst zu sein. Es ist nach seiner Umgestaltung das andere. „Kaltes wird warm, Warmes wird kalt. Feuchtes wird trocken, Trockenes wird feucht." (Fr. 126) Metamorphose: wo erfassen wir denkend die Pflanze? In Samen, Blatt, Blüte oder Frucht? Sie sind alle eins und doch ist das Eine der denkenden Anschauung nie anders als in seinen wechselnden Gestalten zugänglich. Nur so – auseinanderstrebend in Verschiedenes – stimmt das Eine mit sich selbst überein. Als Geschehen ist das Eine das Geschick, welches Kommen und Gehen von Tag und Nacht, Sommer und Winter, Jugend und Alter, Friede und Krieg, Fülle und Mangel bestimmt. Dem Gott, der nach Hölderlins Wort „schicksallos" west, sind diese ineinander übergehenden Gegensätze ein und dasselbe. Dem Menschen entfaltet sich die Einheit in der Zeit.

Wäre die Einheit dem Menschen nicht das sich im LOGOS kündende Geschick, gäbe es kein Geschehen. Es gäbe nur Einerlei. Die Vielfalt des Geschicks, sein Auf und Ab, markiert die notwendigen Pole der Zeit, zwischen denen sich Geschehen für Menschen abspielt. Freilich darf man sich die Pole nicht außerhalb des Geschehens vorstellen. Die Pole sind äußerste Verdichtungen des Geschehens. Vom Gesichtspunkt des am Geschehen Teilnehmenden aus sind sie nicht wie für den Gott gleichzeitig zu erfahren, sondern nacheinander. Ihre Einheit kann vom Menschen dort bewußt erlebt werden, wo Gegensätze sich treffen und einer in den anderen übergeht, am Wendepunkt. Hier wird die bloß relative Gültigkeit der Gegensätze einsichtig.

Die Beurteilung eines Sachverhaltes hängt vom Standort des Beschauers ab. Der Wert eines Dinges ermißt sich an den Bedürfnissen des Bewertenden: „Meerwasser: trinkbar, heilsam für Fische; schädlich für Menschen." (Fr. 61) Oder: „Esel ziehen Stroh dem Gold vor." (Fr.9) Versteift man sich auf eine Meinung, das heißt auf eine mögliche Ansicht eines Tatbestandes, so verzichtet man auf den Überblick, der den einenden Wendepunkt erfasst. Man hat dann nach Heraklit der Wahrheit bereits die Vorausetzung ihres Erscheinens entzogen. Weshalb die späteren „logischen" Gesetze, etwa der Satz vom Widerspruch nur bedingt Wahrheitsgehalt besitzen konnten: Man vermag eben von einer Sache auch das Gegenteil dessen auszusagen, was man zuvor von ihr ausgesagt hat – und hat beide Male recht. Nicht umsonst betont Kant bei seiner Interpretation des Satzes vom Widerspruch dessen Einschränkung durch „zugleich" so stark.

Streit

Wo etwas wird, gibt es Veränderung. In der Veränderung kommen verschiedene Seiten der einzigen Wirklichkeit zeitlich getrennt zur Erscheinung. Das gegenwärtige Hervorkommen einzelner Teilaspekte der Wirklichkeit – und das Zurücktreten der anderen zur bloßen Möglichkeit - kann man als Sieg der manifesten Teilaspekte über die potentiellen auffassen. Werden stellt sich dann als Streit verschiedener Existenzmöglichkeiten um Dominanz in der momentanen Aktualität dar. Jakob Böhme, voll in der Heraklit-Tradition stehend, meinte dazu, ohne Streit wären nur „ewige Ruhe und Stille, Nichts"; zur Entwicklung von Kosmos und Natur müßten „Wille und Widerwille", die beide in der einenden Gottheit gegründet seien, zusammenwirken.[11] Für Heraklit ist es LOGOS, der die einander widerstrebenden Willensimpulse miteinander verbindet.

Einheit ist, wie wir gesehen haben, nur als Fließen und Schwingen des ewig bewegten Geschehensfeldes vorzustellen, nicht als kristallene Unbewegtheit. In diesem Sinn sind für Heraklit die Kosmos und Psyche bestimmende Gegensätze dynamisch in der LOGOS-Einheit als Pole des Geschehens aufgehoben. Kraft zeitlich-dynamischer Entfaltung teilt sich die Einheit als Verschiedenheit mit; im polarisierenden Atom- und Molekulargeschehen ebenso wie bei der Zellteilung, im sozialen Spannungsverhältnis wie im Doppelbereich des Seelischen, in den Strukturen des Denkens wie in Sprach- und Zeichenprogrammen, bis hin zu binarischen Systemen. Ur-Teilung immer neu reproduziert: Mitteilung der Einheit. LOGOS: Wirklichkeit des TAO, das in immer wechselnden Beziehungsformen von YIN und YANG sich äußert.

Während die östliche Mystik dazu neigt, das Wirken der Gegensätze als fließendes Zusammenspiel zu denken – die YIN/YANG–Fische sind im TAI-CHI-Kreis in ewig sich ergänzender Umarmung vereint! – betont Heraklit neben dem fließenden Ineinanderwirken der polaren Kräfte ihr heftig aufflackerndes Gegeneinander. Feuer ist für ihn ein ebenso bestimmendes Element des Seins wie Wasser. In beiden Elementen geschieht polares Geschick gemäß dem LOGOS: freudig ausgleichend ebenso wie leidenschaftlich auseinandersetzend. Erst wenn wir von daher den bei gewissenlosen Machtpolitikern so beliebten, weil mißverstandenen Satz Heraklits vom „Krieg als dem Vater aller Dinge" bedacht haben, sind wir seinem tragisch-dialektischen Denken wirklich nahe.

Zunächst ist zu klären, dass, was wir unter „Krieg" verstehen, verschieden ist vom „Kampf", der im Fragment 53 als „Vater", das heißt als bewegender Erzeuger der erscheinenden Wirklichkeit, genannt wird. Der Kampf bedeutet das aktiv-umwandelnde Moment im Werden, das sich mißt an einem passiv-beharrenden. Mütterlich-Bergendes bleibt immer der Grund, die Materie, allen männlich-streitenden Geschehens.

Kampf war den Griechen vor allem Wettkampf, eine Angelegenheit zwischen Männern gleichen Ranges. Ziel des Kampfes war zwar, dass einer als Sieger daraus hervorging; jedoch sollte der andere dabei keineswegs vernichtet werden. Es gab keinen Endsieg. Die Gegner brauchten einander. Sie waren zur Bestreitung weiterer Kämpfe aufeinander angewiesen. Kampf war eine Form des Streites, in welchem die jeweilige Wirklichkeit in der dynamischen Begegnung von polaren Kräften erstritten wurde: immer neu entschiedene Gegenwart. In dieser werden den Menschen je wechselnde Rollen zugewiesen: als Sieger oder Besiegte, als Herrscher oder Diener, Regierende oder Opponierende, wie das Fragment 53 weiter ausführt.

Auf dem Streit beruht für Heraklit insgesamt die Mannigfaltigkeit der dauernd sich wandelnden Welt. In ihm teilt sich das einende Eine, das Sein, durch immer wechselnde Polaritäten hindurch als Seiendes mit. Im Spannungsfeld des einen Seins sind die Pole vereint. Als olympischer Wettkampf, als politischer Parteienkampf, als Wettbewerb der Dichter bei den dionysischen Festspielen, als Rededuell der Philosophen in den Akademien, sogar als tragischer Kampf heldischer Menschen mit dem Willen der Götter – immer verbindet der Kampf die Kämpfer in lebensnotwendiger Spannung. Die Kämpfer zelebrieren die Einheit, indem sie diese bestreiten. So folgen sie dem Gesetz des LOGOS. Bereits Hesiod unterschied zwei Gestalten der ERIS, eine gute und eine böse Göttin des Streites. Auch Platon hob den Streit deutlich vom bloßen Zank ab: „... denn streiten können auch Freunde mit Freunden in allem Wohlmeinen, aber zanken können nur die, welche uneinig und feindselig gegeneinander sind."[12] Die Wahrheit bleibt strittig. Von dieser Einsicht lebt der philosophische Diskurs ebenso wie der Weltprozeß.

Nicht an den Vernichtungsschlag, der den Gegner tödlich ins Herz treffen soll, denkt somit Heraklit, wenn er sagt, dass im Kampf die Wirklichkeit in ihrer immer verschiedenen Gegenwart gestaltet würde, sondern an die je neu zu treffenden Ent-Scheidungen, die in der Begegnung von gegensätzlichen Existenzmöglichkeiten geschehen. Sinn aller polarisierenden Trennung, der LOGOS des Streites also, ist die Bestätigung tiefer kosmisch-psychischer Harmonie.

Polarität oder Dualität

Polares Denken, das bei der Scheidung der einen Wirklichkeit in deren miteinander streitende Wirkkräfte doch um das Ganze der Wirklichkeit weiß, bleibt Andenken an die Einheit. Solches Andenken kann sogar den größten Gegensatz, den von Leben und Tod, als in der einen Wirklichkeit vermittelt denken. Leben und Tod enthüllen sich dem polaren Denken als zwei Erscheinungsphasen des Gleichen. Für Heraklit sind Hades und Dionysos ein Gott (Fr. 15). Tod und Leben gehen in der kosmischen Bewegung von Werden und Vergehen ineinander über: „Unsterbliche werden sterblich, Sterbliche werden unsterblich; die einen leben den Tod jener..." (Fr. 62) Eros und Thanatos – wie es Freuds späte Theorie formulierte – sind gegeneinander gerichtete Triebe, die miteinander das Ganze des menschlichen Schicksals bestreiten. Das biologische Geschehen von Leben und Sterben spiegelt sich in der Ambivalenz des Fühlens wie in der Widersprüchlichkeit des Denkens. Das oft schmerzliche Bewußtsein der Zweifältigkeit, die mittelhochdeutsche „zwîvelnot" – ist ein universeller Zug menschlicher Existenz.

Nur solange widersprüchliche Fakten als Bewegungsmoment des LOGOS begriffen werden, bleibt Denken dynamisch, das heißt lebendig. Wo Gegensätze also nicht unversöhnliche Dualismen, sondern als aufeinander bezogen erkannt werden, herrscht polares Prozeß-Denken. Diesem ist das Ganze als Einheit zwar nie ein für allemal faßbar; es schaut an den Wendepunkten der Denkbewegung jedoch die Einheit als Wirklichkeit des Geistes je neu.

Dialektisch polares Denken setzt sich selbst mit den Widersprüchen ineins und damit auseinander. In ihm, wie es mit größter Anstrengung Hegel zu entfalten versucht hat, eignet sich der Mensch wissend die Bewegung des LOGOS in Kosmos und Psyche als Geist an. Dadurch kann solches Denken zum lebendigen Modell allen menschlichen Tuns werden, also auch den körperlich-materiellen Aspekt der Existenz erfassen. In ihm ist jene Arbeit geleistet, durch welche die Humanisierung der Natur als die

Naturalisierung des Menschen sich bewährt. Indem Denken und Tun als Momente des sich äußernden LOGOS begriffen werden, verlieren sie ihre dualistische Gegensätzlichkeit. Die dialektische Verbindung von andächtiger Hingabe und begreifendem Handeln, von Liebe und Wollen, ist die dem LOGOS gemäße menschliche Haltung der Welt gegenüber.

Noch konnte sich in der Zivilisation dieses Jahrhunderts dialektisch-polares Denken kaum realisieren. Das im naturwissenschaftlichen Positivismus des neunzehnten Jahrhunderts erstarkte, auf ausschließend-unterscheidende Trennung gegründete dualistische Denken bestimmt weiterhin Wissenschaft und Handeln der Gegenwart. „Jenseits von Gut und Böse“, die Grunderfahrung, welche Nietzsche als Basis einer lebendigen Moral fordert, ist nicht ins allgemeine Bewußtsein vorgedrungen. Die Maßstäbe der geltenden Moral zielen an einer dialektisch begriffenen Triebwirklichkeit genauso vorbei wie an einer dynamisch erlebten sozialen Wirklichkeit. In der Politik streben gegnerische Lager weiterhin nach gegenseitiger Ausrottung. Besonders bedrohlich zeigt sich die Tendenz zur spaltenden Trennung in der planetarisch um sich greifenden Technik. Aufbauend auf einer Wissenschaft, die Materie spaltet und mit Teilen rechnet, bedroht die Technik Erde und Mensch mit dem Schrecken einer lebensvernichtenden, quantifizierenden Nivellierung, dem Trugbild von Einheit. Das blendende Feuer der Atomkatastrophe gibt eine Vorahnung von dem, der hütenden Besinnung entlassenen, LOGOS-Feuer des Weltbrandes.

Vielleicht können die atmenden Kräfte des Kosmos, die das Denken des Abendlandes ursprünglich bestimmten, der Herausforderung vernichtend-dualistischen Denkens noch einmal in einem die Menschheit fördernden großen Streit begegnen. Dann könnte im Augenblick äußerster Gefahr der dynamisch-polar erlebten Einheit von Leben und Tod wieder ihre sinnstiftende, rettende Macht entwachsen. Es könnte der Untergang selbst, die bewußte Hingabe gewohnter, auf Technik sich gründender Lebensformen, zum neuen Beginn werden. Das dürfte die vom waltenden Welt-LOGOS uns zugeteilte Gestalt der Veränderung sein, der wir atmend-denkend begegnen müssen. Ob wir schicksalstark wie Heraklit sein werden, den „wechselweisen Wandel“ (Fr. 90) von Welt in Feuer und Feuer in Welt ins Auge zu fassen?

Eros im Logos

Entscheidend für die Einschätzung unserer gegenwärtigen Lage bleibt die Erkenntnis, dass die uns bedrohende Kulturleistung, beruhend auf logischem Denken, Naturwissenschaft, Bejahung von Aktivität und Dynamik, von ihrem Ursprung her etwas anderes meinte als einseitige Rationalität, gewaltsame Naturbeherrschung, Vernichtungskampf gegenseitiger Prinzipien. Die Einsicht in den Unterschied zwischen frühem und heutigem Denken mag am Sinn der rational berechneten, administrativ veranlaßten, technisch durchgeführten Lösungen zweifeln lassen, mit welchen den durch dasselbe Denken und Tun heraufbeschworenen Gefahren unseres Zeitalters begegnet wird. Alle diese Lösungen haben nämlich im Sog einer „Dialektik der Aufklärung" (Horkheimer/Adorno) eine Tendenz gezeigt, die Gefahren insgesamt zu vergrößern. Durch solche Lösungen wurde ja nie die Voraussetzung in Frage gestellt, auf der neuzeitliche Wissenschaft und Technik beruhen: dass der planende Mensch, der sich selbst und die Erde zu beherrschen strebt, überhaupt zum Vollstrecker des so sich durchsetzenden rechnend-technischen Willens berufen sei. Mit der Einsicht in den Ursprung des abendländischen Denkens kann die Frage aufscheinen, ob in der Verwandlung von LOGOS in Logik, von kunstvoller TECHNE in Technik, der Mensch sein eigenes Wesen und das der Natur nicht immer mehr verengt und schließlich vernichtet – ob er sich nicht freiwillig Unmenschlichem überantwortet, wenn sein Denken den Atem lebendiger Erfahrung aufgibt.

Im Andenken an den Ursprung abendländischen Denkens wird freilich gerade wegen dessen dialektischer Offenheit eine unqualifizierte Verneinung von Denken und technischer Entwicklung ebenso wie blinder technischer Fortschrittspragmatismus vermieden. Da Verneinung dem von ihr Verneinten wesensmäßig verhaftet bleibt – soviel muss uns Heraklits Dialektik gelehrt haben – vermag sie allein wenig zur Bannung von Gefahr. Im lebendigen Nachvollzug des frühen Denkens dagegen, in dessen Verlauf die Voraussetzungen heutigen Denkens fragwürdig werden, kann die Möglichkeit von Rettung auf einer anderen Daseinsebene als der vom rational-dualen Denken erfassten dämmern. Ein auf diese qualitativ andere Daseinsebene sich einlassendes Denken könnte nämlich eine andere Art des Verhaltens bedingen. Dieses würde dem Bedrohlichen der Gefahr nicht mehr zuerst berechnend-planend begegnen. Es wäre zu einer Haltung des Vertrauens fähig, welche der Möglichkeit von

Vernichtung begegnend, ihr ein anderes Wissen als das rational erdachte entgegengesetzt.

Eine Einheit von Wissen und Verhalten wäre da zu ahnen, in der kein wissenschaftliches Erkennen mit dem Willen zur technischen Veränderung sich verknüpft, die vielmehr den Menschen seine Teilnahme an allem anderen Seienden andächtig wahrnehmend verwirklichen läßt. Solch hinnehmend-annehmendes Denken, das dem Bewußtsein von Einheit entstammt, ist von Mystikern, aber auch von Philosophen (etwa von Max Scheler) als „Liebe" bezeichnet worden. Dem antiken Denken bis hin zu Plotin ist der EROS des Denkens bei der Wahrnehmung des LOGOS nie verlorengegangen. Durch beide atmet die Unmittelbarkeit lebendiger Erfahrung.

Können wir den denkend-tätigen Menschen heute noch einmal als einen andächtig-liebenden uns vorstellen? Können wir noch etwas vom EROS im LOGOS verspüren? Und umgekehrt? Auf Fragen solcher Art mag die Beschäftigung mit Heraklits Fragmenten schließlich in einer sehr persönlichen Weise hinführen. Vielleicht entdecken wir den gemeinsamen Grund von Lieben und Denken in unserer eigenen Existenz – und damit den gemeinsamen Grund von Gewißheit und Zweifel, Hoffnung und Angst. Dann hätten wir Zugang gefunden zur wesentlichen Weisheit des Herzens, zum unsagbaren Was, das alle Mystik sagend umkreist, und wovon auch der LOGOS nur kündet, indem er es verschweigt.

DRITTER TEIL: WORT UND GRAL

Ach, als sich alle einer Mitte neigten
und auch die Denker nur den Gott gedacht,
sie sich den Hirten und dem Lamm verzweigten,
wenn aus dem Kelch das Blut sie rein gemacht.

Gottfried Benn

DAS WORT IM SCHWEIGEN

Eine Predigt Meister Eckarts

I. Eckhart und die Mystik

Vorbemerkung „Gott"

Durch die Beschäftigung mit dem Werk Meister Eckharts und dem Versuch praktischen Nachvollzugs seiner mystischen Erfahrung mag es auch einem, der sich vom christlichen Glauben entfernt hat, gelingen, das Wort „Gott" wieder in sein Begriffsystem aufzunehmen. Das wäre ein Gewinn. Denn sogar einem toten Gott, wie Nietzsche ihn am Ende des neunzehnten Jahrhunderts verkündete, gebührt ein Name – und sei's nur für sein erinnertes Wesen.

Ich bin durch Eckhart fähig geworden, die seit meiner späten Kindheit eingenommene Abwehrhaltung gegen den bedrohlichen Gott von Familie, Kirche und Staat aufzugeben; beim Namen „Gott" denke ich mit Eckhart mehr an das Wesen Gottes als an dessen zeitbedingte, menschlich relativierte Erscheinungsformen. „Gott" kann als paradoxer, sparsamer Begriff für die allem Zeitlich-Begrifflichen jenseitige Macht stehen. Macht in mir, Macht außer mir als eine. Metaphysisch gleichgeordnet dem TAO, dem SEIN, dem wesentlichen SELBST. Namen des Namenlosen. Doch hat „Gott" eine eigene antropomorph–mythische Aura; auch eine patriarchalische Akzentuierung: Inbild der Gemeinsamkeit männlicher Ahnen. (Will man – wie feministische Theologinnen – den weiblichen Anteil in „Gott" aktivieren, sollte man meiner Ansicht nach deshalb nicht von diesem grammatikalisch wie inhaltlich männlichen Begriff ausgehen. Neutralere, umfassendere Begriffe wie TAO oder SEIN eigneten sich besser dafür.)

Aber: Gott behüte mich davor, dass ich – weil Gott ein Begriff für mich ist – in meinem Denken und Verhalten besonders „fromm" würde. Vor der falschen Frömmigkeit hat sich der mutige Nietzsche derart gefürchtet, dass er den Windmühlenkampf gegen seinen verneinten Begriffs–Gott bis zum unerbittlichen Wahnsinnsende führte. Warum konnte er sich mit dem „lieben Gott", dessen frühester kindlich geahnter Gestalt, nicht lächelnd versöhnen? Das hätte doch geheißen, im begrifflosen, sprachlosen Grund der eigenen Seele sich selbst als Kind zu erlösen und darin einen archetypischen Zustand der Gottverbundenheit zu entdecken. Dort ist Gott kein Begriff mehr, sondern die gegenwärtige Erfahrung kosmischer Geborgenheit, Einheit von Ich und Welt. Dies Aufscheinenlassen überindividuell und überzeitlich lebendigen Geistes in einer jeweils konkreten Gegenwart ist etwas anderes als anerzogene Frömmigkeit, bleibt fern aller Frömmelei.

Nein, nichts von fromm! Bei Meister Eckhart kann man lernen, dass es keine abgesonderte, sonntäglich–sakrale Teilwirklichkeit innerhalb der alltäglichen Gesamtwirklichkeit gibt. Dass vielmehr, wie er predigt, Gott sich an allen Orten gleich gegenwärtig darbietet - demjenigen, der dafür empfänglich ist. Dass Liebe als göttliche Wirkkraft in allem, was mir begegnet, zu spüren sein kann; dass Friede als verwirklichter göttlicher Zustand in jeder tief erfahrenen Geborgenheit zu finden ist. Dass Göttliches immer und überall, in mir und durch mich, sich offenbaren will. Dass Gott fortwährend geboren werden will durch meine Erfahrung seiner Gegenwart. Als lichtendes Wort im schweigenden Dunkel meines Seelengrundes: Geist, LOGOS, erhellender Sinn meiner Existenz.

Eckharts vermittelnde Persönlichkeit

In Meister Eckharts Persönlichkeit trafen so gegensätzliche Tendenzen des späten Mittelalters zusammen wie ritterliches Wirken in der Welt und weltabgewandte mönchische Kontemplation. Er war ebenso populärer Prediger wie scholastischer Gelehrter. Als hoher kirchlicher Würdenträger, der zum Kritiker der Kirche wurde, vereinigte er Fortschritt und Tradition. Seine Persönlichkeit scheint von ihrer Mitte her diese Gegensätze ohne Schwierigkeit integriert zu haben – wenngleich nicht ohne Konflikt mit der kirchlichen Autorität.

Eckharts Lebensjahre (1260 – 1329) fielen in jene Krisenzeit Europas, die dem Niedergang des Stauferreiches folgte. Politische Machtkämpfe, ökonomische Umwälzungen, soziale Spannungen erschütterten den ohnehin brüchigen Frieden im christlichen Abendland. Der mittelalterliche Glauben, von kirchlicher Autorität verwaltet, in Dogmen und Mythen verfestigt, wurde – obwohl grausamst vom kirchlichen Machtapparat verteidigt - in Frage gestellt. Die fortschrittlichen Denker der Zeit suchten neue Wege zum Göttlichen: unvoreingenommene Naturbeobachtung und ungehinderten Vernunftsschluß an den Universitäten; Versenkung in die eigene Seele in den Klöstern. Eckhart wirkte dabei vermittelnd. Trotz der neuen Dimension, in der sich sein Denken bewegte, der neuen Gefühlstiefe, die er erkundete, war es nicht sein Vorsatz, den Rahmen des christlichen Glaubens zu sprengen.

Dass er schließlich von der Inquisition verfolgt wurde, zeigt, wie sehr die offizielle Kirche von den Grundlagen lebendiger Spiritualität sich entfernt hatte. Eine Gestalt wie Eckhart hätte der Kirche nämlich als Erneuerer willkommen sein müssen. Er war dazu berufen, die neuen spirituellen Tendenzen zu verbinden und durch sie die Kirche für den Übergang vom Spätmittelalter zur Neuzeit bereit zu machen. Sein Blick war weit genug für solchen Übergang, weil er seine geistige Position im überzeitlichen Bereich des „Ewigen Jetzt“ gegründet wußte.

Meister Eckhart beherrschte die rationale, aristotelisch orientierte Art theologischen Denkens. Als Schüler Thomas von Aquins brachte er es immerhin bis zum Magister der Universität von Paris. Die verstandesmäßige Auffaltung der göttlichen Einheit in streng geschiedene, systematisch durchdrungene und dogmatisch geordnete Vielheit bestimmte seine akademische Darlegung. Daneben gewann jedoch bei ihm die unmittelbare Evokation des lebendigen Geistes neue Kraft. Das schöpferische Wort, LOGOS, war in seinem Predigen gegenwärtig vernehmbar: überzeugender kündete es vom Göttlichen als jeder rational vermittelte Beweis.

Eckhart und die Sprache

Eckharts spirituelle Bedeutung ist deshalb vom Gebiet der Sprache her am ehesten zu erfahren.[1] Nicht nur war er einer der Theologen, die damals neben dem Lateinischen immer mehr das Deutsche zur Verkündigung benützten und dadurch die deutsche Sprache mit neuen Wortschöpfungen angereichert und ihre Syntax einer verfeinerten Argumentation gefügig gemacht haben; Eckharts besondere Beziehung zur Sprache besteht darin, dass er das Ereignis der Sprache selbst als thematisches und existentielles Zentrum seines Denkens erkannte. LOGOS, Begriff des Johannesevangeliums ebenso wie des durch Plotin vermittelten griechischen Denkens, lebte bei Eckhart als mittelalterlich–deutsche Erfahrung weiter. Gott wurde für Eckhart im deutschen Wort zu neuer Wirklichkeit. Das im Schweigen verwurzelte, sich aus der reinen Bewußtseinsleere entäußernde wesentliche Wort, die vom Seelengrund her motivierte Aussage, war als ein Zur–Sprache–Kommen Gottes das je gegenwärtige Ereignis von Eckharts Sprechen.

Auf dem Höhepunkt seiner Predigten, davon schien Eckhart überzeugt, war es nicht mehr seine individuelle Person, die sprach: im LOGOS, der aus dem Innersten der Seele drang, sprach Gott sich selbst. Eckhart bezeichnet sein Sprechen als ein sich von innen nach außen bewegendes Wortwerden. Er beschreibt es auch so: „Das mit dem Mund ausgesprochene Wort ist nichts als die Offenbarung des inneren Wortes."[2]

Die logisch-argumentative Beweisführung bei der Darlegung der Wahrheit wurde in Eckharts Predigten somit überlagert von der gefühlsevidenten Vergegenwärtigung der Wahrheit im verlauteten Wort. Denken und Andacht, strebendes und empfangendes Wissen wurde eins. Dass seine Predigten in solch doppelter Weise auf seine Zuhörer gewirkt haben, ist überliefert. Wenn eine Nonne, nachdem sie ihn gehört hatte und tief davon beeindruckt war, schrieb, sie könne nicht berichten w a s er gesagt habe, so bringt sie damit zum Ausdruck, dass die Wiedergabe des gedanklichen Inhalts seiner Predigten nicht das Wesentliche von Eckharts Aussage mitteilen würde. Deshalb geben auch die überlieferten Texte seiner Predigten nur die äußere Hülle seines Sprechens wieder. Den sie belebenden Atem, ihren pneumatischen Sinn, müssen wir selbst im verstehenden Nach-denken diesen Texten einhauchen. Dann können wir vielleicht mit Meister Eckhart im ewigen Jetzt des sich offenbarenden LOGOS zusammentreffen.[3]

Mystisches Denken

Meister Eckharts mystisches Philosophieren kreist also nicht allein um rationale, sondern mehr und nachdrücklicher um existentielle Erfahrung. Deshalb ist er von den christlichen Denkern derjenige, dessen Denken sich am besten als Ausgangspunkt für den Dialog mit dem Osten eignet – den Dialog mit Yoga, Buddhismus, Taoismus und Zen. Wie bei den östlichen Lehrern durchdringen sich bei Eckhart methodisches spirituelles Streben, das heißt: philosophische Disziplin und die Erfahrung des Nichtwissens, welche auf Spontaneität beruht. Dass das gewußte Nichtwissen in mystischer Paradoxie den Ursprung allen Wissen eröffnet, dass das wesentliche Wort aus dem Schweigen stammt, ist für die östlichen Meister wie für Eckhart das immer neu zu bedenkende und zu erlebende Wunder der Existenz.

Nur wer dem Schweigen des Ursprungs zu ent–sprechen vermag, kann dem LOGOS zum Werden verhelfen und damit Gott aus sich selbst heraus realisieren. Vielfältig, mit zu Herzen gehenden Worten, handeln Meister Eckharts deutsche Predigten von diesem Vorgang. Ebensowenig wie die östlichen Mystiker kann Eckhart diesen Vorgang eindeutig benennen. Er kann ihn nur umschreiben. Wenn er vom Seelengrund spricht, wo im innigsten Teil, dem im „Bürglein“ behüteten Ort des menschlichen Bewußtseins, das Licht des ewigen „Fünkleins“ verwahrt ist; wenn er dieses Licht zugleich den Laut des LOGOS nennt; wenn wiederum Schweigen und Wort mit Gott und Sohn gleichgesetzt werden – so finden wir dabei universale mystische Vorstellungen übersetzt in die christliche Sprache des deutschen Mittelalters. All die genannten Vorstellungen meinen die eine wesentliche Erfahrung, die nie eindeutig zu beschreiben ist und die deshalb auch nie in eine einzige religiöse oder philosophische Sprache gefaßt werden kann.

Am deutlichsten kann das Charakteristische von Eckharts mystischer Erfahrung sich – wie schon gesagt - in der Dialektik von Wort und Schweigen ausdrücken, im Bereich der Vermittlung beider also. Verschiedene Predigten befassen sich mit der Verlautung des Wortes im Schweigen als der Gottesgeburt in der Seele. Der durch die Seele hindurchtönende lebendige Geist wird für Eckhart zum Sein, das sich aus der Einfalt des Ursprungs in die Vielheit des zeitlichen Seienden entfaltet. In solcher Verlautung, dem Werden der Welt, ent–scheidet sich je neu durch den hörend–sehenden Menschen sein Geschick. Und weil für Eckhart Subjekt und Objekt nicht in der Weise des späteren Denkens getrennt sind, beginnt mit dieser Entscheidung auch jeweils die Schöpfung neu. Die Schöpfung fand nicht irgend ein einziges Mal statt, glaubte Eckhart, auch Gott wurde nicht ein einziges Mal nur Fleisch: das Werden von Welt, Gott und Mensch geschieht ewig neu. Jeder Augenblick der sich entfaltenden Zeit ist für Eckhart gleich nah am Jetzt der Ewigkeit. Der Mensch ist in jedem Augenblick echten Daseins in den Bezug zum Ganzen des Seins gestellt.

So ist – weil Eckhart von der Mitte seiner Persönlichkeit aus spricht – jeder seiner Sätze, und befinde er sich auch in einem argumentativ fortschreitenden Zusammenhang, mit seinem Erfahrungsgewicht, das heißt mit seiner Gefühlskraft, in dieser Persönlichkeitsmitte verankert. Die existentielle Gewißheit des Gesagten verweist den Zuhörer von jedem Satz des Gesagten aus auf dessen Ursprung, der selbst nicht zu sagen ist: ins Schweigen. Deshalb darf gehofft werden, dem Wesen von Eckharts Denken – nicht freilich seiner Fülle und Vielfalt – durch die Betrachtung einer einzigen Predigt sich annähern zu können. Die Predigt „Dum medium silentium teneret omnia ..." (Nummer 1 in der Zählung von Pfeiffer, Nummer 57 in der von Quint) ist einer der wichtigen Texte Eckharts, die vom LOGOS-Geschehen als der Gottesgeburt handeln und die Dialektik von Schweigen und Wort, von Geschehenlassen und Wollen umkreisen. Indem wir diese Predigt nach–denkend zu verstehen versuchen, können wir sie vielleicht schließlich so hören, wie sie ursprünglich gedacht war.

II. Die Predigt vom Wort im Schweigen

Thema, Aufbau, Methode

„Wir feiern hier in der Zeitlichkeit im Hinblick auf die ewige Geburt, die Gott, der Vater vollzogen hat und ohne Unterlaß vollzieht, dass diese selbe Geburt sich nun in der Zeit, in menschlicher Natur vollzogen hat.“(415)[4] Der einleitende Satz der Predigt zum Weihnachtsfest nennt ihr überzeitliches Thema: Gott spricht sein ewiges Wort in der Seele des zeitlichen Menschen. Es geht um die Vermittlung von Ewigem und Zeitlichem, von Göttlichem und Menschlichem. Wenn man die Metaphorik der Predigt berücksichtigt – Eckhart erzählt immer wieder von Empfängnis und Geburt – geht es im weitesten Sinn um die schöpferische Einheit der geistig–männlichen und der materiehaft-weiblichen Seite des Menschen, um das schaffende und das empfangende Prinzip in ihm, um sein YANG und sein YIN. Die Verbindung der beiden Seiten wird als Ereignis in der Seele des bewußten Menschen von Eckhart dargestellt. Als „immerfort geschehende Geburt“ erfolgt aus dieser Verbindung die Vergöttlichung des Menschen ebenso wie die Menschwerdung des Gottes.

Vorausblickend weist die Einteilung der Predigt auf die Auffächerung des Hauptthemas in drei Unterthemen: zuerst will Eckhart von der Stätte der Gottesgeburt sprechen; sodann wird er die Frage aufwerfen, inwieweit der Mensch sich fördernd bei dieser Geburt verhalten kann; zuletzt soll der Nutzen der Geburt für die Entwicklung des Menschen behandelt werden. Gleich zu Beginn macht Eckhart dabei klar, dass er zu „geübten“ Zuhörern spricht, zu Menschen, deren Sehnsucht bereits auf die Erfahrung des Göttlichen gerichtet ist, denen geistige Übungen nicht fremd sind. Solche Menschen wissen um die Versenkung ins Schweigen, durch welche allein das göttliche Wort vernehmbar werden kann. „Dum medium silentium ...“, der eigentliche Predigttext, von dem Eckhart ausgeht, zielt also bereits auf eine gemeinsame Erfahrung von Redner und Zuhörern. Das gefühlsmäßige Verstehen der Predigt ist dadurch vorgegeben. Auf die gemeinsame Erfahrung der schweigenden Versenkung in den Seelengrund ist die Predigt eingestimmt. Ihre methodische Darlegung baut darauf auf.

Als Methode seiner Darlegung gibt Eckhart die Erhärtung des Bibeltextes durch „natürliche" Beweisgründe an: „damit ihr es selbst zu fassen vermögt." (416) Dabei darf nicht an eine wissenschaftliche Erläuterung im modernen Sinn gedacht werden. Eckhart versucht vielmehr eine Verbindung von geistig-objektiver Überlieferung und seelisch–subjektiver Erfahrung beim sprechenden Nachvollzug der Überlieferung herzustellen. Durch diese Methode mystischen Predigens gewinnt das Subjekt gegenüber dem umfassenden Objekt des verfestigten Glaubensgebäudes an Autorität: es wird zur mündigen Einzelseele, in der sich die überlieferten Glaubensinhalte erst zu bewähren haben. Eckharts Mystik befähigt das Individuum zur Freiheit spiritueller Entscheidung.

Seelengrund: Stätte der Gottesgeburt

Im Innersten der Seele, im Seelengrund, offenbart sich dem Menschen das Über-Menschliche. Im Schweigen ist der Laut zu vernehmen, der als LOGOS zum Licht wird, um im Dunkel weisend zu leuchten. Eckhart faßt diesen religiös–philosophischen Topos nicht nur metaphorisch auf. Er begreift ihn als metaphysischen Vorgang, der im Bewußtsein des dafür bereiten Menschen zur evidenten Erfahrung wird. Soweit die Evidenz für die reflektierende Erfahrung des menschlichen Bewußtseins verständlich ist, kann sie „tiefenpsychologisch" interpretiert werden. Der Seelengrund ist der tiefste dem Verstehen zugängliche Bereich der Seele, den sie in sich selbst erkennen kann. Jenseits dieser Erkenntnis gibt es kein Selbstbewußtsein mehr. „Darum ist der Seele nichts so unbekannt wie sie selber." (417)

In der Stille des Seelengrundes herrscht jene Leere, die das Ergebnis der völlig zur Ruhe gekommenen psychischen Funktionen ist, Ergebnis von deren Selbstauflösung im Nicht-Empfinden, Nicht-Erkennen, Nicht-Wollen, Nicht-Tun. Das mystische Paradoxon besteht nun darin, dass dies Nicht des persönlich-seelischen Wirkens umschlägt in umfassendste Wahrnehmung, höchste Erkenntnis und innigste Liebe, deren die Seele fähig ist. Denn das Zur-Ruhe-Kommen der Funktionen der

Einzelseele, ihr bewußtseinsmäßiges Verlöschen bedeutet zugleich die Vereinigung der Einzelseele mit der überpersönlichen Wirklichkeit des Geistes. Zum besseren Nachvollzug solch positiv verstandener Leere, des Zusammenfallens von Nicht und Fülle, seien kurz Eckharts tiefenpsychologische Modellvorstellungen genauer betrachtet.

Er knüpft an neuplatonische Überlieferung an: die Seele wird von ihm zwischen Körper und Geist, an beiden teilhabend, vorgestellt. Dabei markieren Körper und Geist zugleich die Richtungen nach außen und nach innen. Freilich sind die Raumvorstellungen „zwischen", „ innen" und „außen" für eine überräumliche Dimension wie die Seele nur vergleichsweise zu verstehen. Eine andere Vorstellung, die ebenfalls bei Eckhart zu finden ist, begreift denn auch die Seele als ein den Körper durchdringendes, ihn umfassendes, über ihn und alles Grob-Stoffliche hinausreichendes Energiefeld. Dieses wird wiederum von einem noch feinstofflicheren, allgemeineren Feld durchdrungen und umfaßt: dem Geist. Beide Modelle stellen die Seele als angrenzend, beziehungsweise als teilhabend, sowohl an Körper wie Geist vor.

Das Wesen der Seele nun ist Eckhart zufolge zunächst durch ihr Wirken bestimmt. Die psychischen Funktionen – Eckhart spricht von „Seelenkräften" – erschließen dem menschlichen Bewußtsein die materielle Wirklichkeit, indem sie sich nach außen richten und durch Empfindung, Gefühl, Vernunft, Gedächtnis, Vorstellungsvermögen und Willen die Außenwelt wahrnehmen im erkennenden und tätigen Kommunizieren mit ihr. Die Außenwelt – dazu gehört auch der eigene Körper, soweit er materieller Organismus ist – ist dem menschlichen Bewußtsein also durch die Seelenkräfte vermittelt. Diese Vermittlung beschreibt Eckhart auch als Erscheinung der materiellen Realität in „Bildern"; noch die materialistische Erkenntnistheorie sprach ja davon, dass die Realität im Bewußtsein „widergespiegelt" würde.

Der Spiegel kann alles spiegeln, nur nicht sich selbst. Die Seelenkräfte können zwar auch im Innenraum durch Phantasie, Intuition, Gefühl auf vorgestellte Inhalte sich richten, doch stammen diese letztlich ebenfalls von den aus der Außenwelt bezogenen Wahrnehmungen und Erkenntnissen ab. Solange sie „Inhalte" des Bewußtseins sind, sind sie Objekte, auf welche die Seelenkräfte sich richten. Mit den Seelenkräften wirkt die Seele. Sie sind ihre Mittel, um die Bilder von „draußen" zu vermitteln. Das

„draußen“ ist immer etwas anderes als die Seele selbst. Eckhart nennt diese andere, materielle Welt „Kreatur“ und meint: „Es kann keine Kreatur deine Seligkeit sein.“ (419) Denn weil sie je mittelbar nur erkannt und erlebt wird, reicht die „Kreatur“, also alles in Bildern Faßbare, nie in den Grund, wo alle Mittel schweigen, wo keine Bewußtseinsinhalte mehr sich dem Bewußtsein bieten.

Was aber geschieht im Bewußtsein, wenn es ohne Inhalte ist, wenn die Seelenkräfte auf keine Objekte mehr gerichtet sind? Was geschieht, wenn das Bewußtsein leer ist und die Seele nicht wirkt, wenn sie nichts wahrnimmt als ihr eigenes Sein? Im Innersten der Seele, wo sie an den Geist grenzt, haben die nach außen gerichteten in die Vielheit entfalteten Seelenkräfte ihren Ursprung: hier sind sie einfaltig vereint im gemeinsamen Sein. „Im Sein aber gibt es kein Werk.“ (417) Das reine Sein der Seele ist empfänglich allein für eines: für die umfassende Einheit des Geistes.

Doch wie kann man sich ein Bild machen von dem, was alles Ab-Bilden erst bedingt? Kann das Erkennen sich erkennen? Ein Erkennen höher als alle Vernunft, ein bildloses Bild – wie wäre so etwas zu fassen? Die Sprache, selbst eines der Mittel der Seele, versagt, wo es um diese unmittelbare Realität der Berührung von Seele und Geist geht. Nur Gott mit seinem einfaltigen Sein, das keine Trennung von innen und außen, Bild und Gegenstand, Bewußtsein und Bewußtseinsinhalt kennt, ist fähig, die Seele ganz zu durchwirken. „Gott geht hier in die Seele ein mit seiner Ganzheit, nicht mit einem Teile; Gott geht hier ein in den Grund der Seele.“ (417) Aber Gott kann nur dann in der Seele wirken, wenn keine eigenen Bilder und Tätigkeiten der Seele ihn daran hindern; er kann nur dort wirken, wo die Seele ohne Eigen-Willen ihn allein wollen läßt, weil sie ihm gleich ist: im Schweigen, in der Leere.

Wo die Seele ohne Tun reines Sein ist, entspricht sie der Einheit, die Gott ist. Dies Entsprechen ist kein Sprechen von etwas anderem. Die Einheit einigt Seele und Gott im LOGOS. Gott, der Vater, und die Mutter Seele vereinigen sich im LOGOS-Wort, dem Sohn. „So denn gebiert Gott, der Vater, seinen Sohn in wahrer Einheit der göttlichen Natur. Seht, in der gleichen und in keiner anderen Weise gebiert Gott, der Vater, seinen Sohn in der Seele Grund und in ihrem Sein und vereinigt sich so mit ihr.“ (418)

Bemühung oder Hingabe?

Nachdem Eckhart den Seelengrund als Stätte der Gottesgeburt bestimmt hat, fragt er danach, wie der einzelne Mensch sich verhalten soll, damit die Gottesgeburt in seiner Seele stattfinden kann. Die alternativen Antworten, um die es ihm dabei geht, stellt er sofort deutlich einander gegenüber: „... ob es nicht besser sei, dass der Mensch etwas an eigenem Bemühen dazu tue ... oder, dass der Mensch sich in Schweigen halte, in Stille und Gott in sich sprechen und wirken lasse ..." (419) Man kann die zwei Möglichkeiten, sich der geistigen Wirklichkeit zu nähern, die Eckhart hier zeigt, auf den Unterschied von methodischem Vorgehen und intuitiver Hingabe zurückführen. Dass der Mystiker Eckhart die Hingabe preist, ist von vornherein klar. Aber er wäre nicht der Scholastiker, der er auch ist, wenn er das Verhältnis von Bemühung und Hingabe undialektisch sehen würde. Beide schließen einander nicht aus.

Eckhart betont die menschliche Entwicklungsstufe, auf der die gemeinte Hingabe erst möglich wird, als Folge methodischer Bemühung. Bereitschaft für das Göttliche ist ihm Ergebnis von Übung der Seelenkräfte. Erst dann mag man „wissen, dass es das allerbeste und alleredelste ist, wozu man in diesem Leben kommen kann, wenn du schweigst und Gott wirken und sprechen läßt." (419) Der „ungeübte Mensch" (415) wird dies nicht verstehen können. In einer anderen Predigt benutzt Eckhart das Tabula–Rasa-Gleichnis: nur auf einer leeren Tafel kann etwas geschrieben werden. Andererseits kann man nur eine volle Tafel löschen; Verlernen bedingt Gelerntes. Eckharts Mystik – wie schon eingangs gesagt – erhebt sich auf der Basis scholastischen Wissens, nicht im Gegensatz dazu. Hingabe ist die Frucht methodischer Bemühung. So sind die asketischen Übungen der Heiligen zu verstehen, die Eckhart als Beispiel von Bemühung, die zur Hingabe wird, anführt. Solche Übungen sind Versuche, die Erkenntnisfähigkeit über den mit den Seelenkräften zu wissenden und sprachlich zu benennenden „Gott" hinauszuführen zum unnennbaren Wesen Gottes, zum „übergotteten Gott": „... du sollst mit unbekümmerten Sinnen dich hinausschwingen über dich selbst, über alle deine Kräfte, über das Erkenntnisvermögen und über die Vernunft, über Werk und über Weise und Sein in die verborgenste stille Finsternis, auf dass du kommest in ein Erkennen des unerkannten übergotteten Gottes." (421) Die asketischen Übungen führen so durch Stillwerden der Seelenkräfte zur Abwendung von der Außenwelt, zum Nicht-Tun und Nicht-Wollen, zum Nicht–Empfinden des Körpers, zur Klärung von Gefühlen, zur Beruhigung des

„Gestürms innerer Gedanken". (420) „Soll daher Gott sein Wort in der Seele sprechen, so muss sie in Ruhe und Frieden sein." (420)

Die Dialektik von Wollen und Geschehenlassen bei der Gottesgeburt sieht für Eckhart so aus, dass man die Geburt selbst, das Verlauten des LOGOS in der Seele, nicht wollen kann, wohl aber die Bereitschaft zur Hingabe, die Leere der Seele als Fähigkeit zum Vernehmen des göttlichen Lautes. „Gott wirkt ohne Mittel und ohne Bild, und je mehr du ohne Bild bist, um so empfänglicher bist du für sein Einwirken, und je mehr du nach innen gekehrt und je vergessener du bist, um so näher bist du diesem." (421) Damit hängt die Dialektik von Wissen und Nichtwissen zusammen. Denn was Gott wirkt in der Vereinigung mit der Seele, wenn er sein Wort spricht, kann die Seele nicht wissen. Wissen kann sie nur durch das Wirken der Seelenkräfte, nicht durch deren Nichtwirken. Und doch kann die Seele nicht ganz ohne Wissen sein von dem, was sie erwartet, denn sonst würde sie nichts erwarten, könnte sich nicht zur Empfänglichkeit des göttlichen Wortes bereiten. Das wesentliche Was mystischen Erlebens, unnennbar, unwissbar, ist zugleich gewisser als alles rational Gewußte. „Es verbirgt sich und bekundet sich doch." (421) „Die Seele empfindet wohl, dass es ist, weiß aber nicht wie und was es ist." (421) Die Gewißheit und zugleich Unfaßbarkeit des wesentlichen Was, sein verborgener Glanz, spornt zu immer neuer Annäherung an, zu immer tieferem Eindringen ins eigene Innere, bis dorthin, wo die Grenzen der Person überschritten werden zum Geheimnis: zum Grund, in dessen Mitte vom Bürglein umschlossen das Fünklein des LOGOS brennt.

Nun ist die Bemühung des Menschen, durch immer konsequentere seelische Wendung nach innen, bereit zu werden für die Wahrnehmung des LOGOS, um dadurch zur völligen Hingabe an die überpersönliche kosmische Wirklichkeit sich zu befähigen, ein Verhalten, das der „Natur" der empirischen Person zunächst widerspricht. Schadet sich nicht der konkrete Einzelmensch, der im Alltäglichen–Lebensgemäßen verwurzelt sein sollte, durch solches Verhalten? Schon zu Eckharts Zeiten wurde dieser Einwand gegen die meditative Praxis vorgebracht. Eckhart zitiert dieses Argument: „Ei nun, Herr, Ihr wollt der Seele ihren natürlichen Lauf umkehren und gegen ihre Natur handeln!" (423) Natürlich ist doch die Wendung nach außen. Durch erkennendes und tätiges Wirken mit der Außenwelt zu kommunizieren, die Freude an der Kreatürlichkeit des Daseins voll auszuschöpfen – ist dies nicht das Höchste für den Menschen? Eckhart kennt etwas Höheres. Die natürliche Bestimmung des Menschen im Bezug zur materiellen Außenwelt ist für ihn – phylogentisch wie ontogenetisch – nur e i n e menschliche Entwicklungsstufe.

Seine nächste, höhere Entwicklungsstufe, seinen „Adel der Seele“ wird den Menschen zu einer Erfahrung geistiger Wirklichkeit reifen lassen, die bislang noch „verborgen und unbekannt“ gewesen ist. (423) Die nächste Phase der menschlichen Entwicklung ist für Eckhart die allgemeine Realisierung des göttlichen LOGOS in der Welt. „Was weißt du, welchen Adel Gott in die Natur gelegt hat, der noch nicht voll beschrieben, sondern nur verborgen ist?“ (423) Solchen Adel zu wollen als Bereitschaft zur Veredelung, ist die Aufgabe des Menschen, der sich ins Schweigen des noch Unbekannten begibt und, vertrauend auf einen größeren Willen, eigenes Wollen zur Ruhe kommen läßt. Durch sein an äußersten Grenzen des Bewußtsein angesiedeltes Tun des Nichtstuns wird so der Mensch zum mitverantwortlichen Teilhaber der Evolution. Wiederum ist die Hingabe an das, was mehr als Natur ist, nämlich das in seiner Realisierung noch ausstehende Geistige, dialektisch auf die dabei zu übersteigende Natur zu beziehen. In seiner mystischen Ethik hat Eckhart dies deutlich gemacht. Auf sie weist indirekt der letzte Teil der Predigt hin, wenngleich die Hauptthemen dieser Ethik erst in anderen Predigten – etwa der berühmten Predigt von Martha und Maria – konsequent ausgeführt sind.

Nutzen der inneren Erfahrung

Aus der Abwendung von der Alltagswelt des Natürlichen kann nach Eckhart eine die Alltagswelt erneuernde, weil sie in die umfassendere Dimension integrierende, ethische Haltung des Einzelmenschen hervorgehen. Durch die Reifung der Seele zur Wahrnehmung des LOGOS wird der Mensch selbst als göttlich geboren und vermag so die zeitlich–natürliche Welt auf ewig–göttliche Wirklichkeit hin zu verwandeln. Dies ist, was Eckhart den „Nutzen“ der Gottesgeburt nennt. „Nun beachtet hier den Nutzen und die Frucht dieses heimlichen Wortes in dieser Finsternis. Nicht nur der Sohn des himmlischen Vaters wird in dieser Finsternis, die sein eigen ist, geboren: auch du wirst da geboren als desselben himmlischen Vaters Kind und keines andern, und er gibt auch dir jene Gewalt.“ (423)

Indem der Mensch durch die Erfahrung des Leerwerdens und Loslassens von der „Äußerlichkeit der Kreaturen" (424) bis zu seinem innersten Wesen vordringt, überschreitet er das, was bisher Mensch war. Durch die Gottwerdung wächst er über sein Menschsein hinaus. Hier hat der Übermensch Nietzsches seinen Ursprung. Nicht als biologisch-technisch mutierter Superman, sondern als seelische, und damit ethische Veredelung dessen, was jeweils vor uns Menschsein war, ist er zu begreifen. Auch Gott wandelt sich bei der Wandlung des Menschen, da Gott nur in Beziehung zum Menschen, wie Ewigkeit nur in Beziehung zur Zeit, wirksam werden kann. Die Menschwerdung Gottes und Gottwerdung des Menschen – das ist e i n Vorgang, e i n e Wirklichkeit.

„Wirklichkeit" bedeutet im Mittelhochdeutsch noch mehr als was wir heute unter „Realität" verstehen. Der dynamische Aspekt des Begriffs ist damals dem Bewußtsein lebendig gewesen: Wirklichkeit ist das Wirkende, das zur Wirkung Fähige und wirkend sich Entfaltende, wie Hegel dann wieder den Begriff der Wirklichkeit zu fassen versucht. Die Einheit mit Gott ist somit für Eckhart in der mystischen Unio nicht bloß eine des Schauens, sondern ebenso eine des Wirkens. Bei der Verlautung des LOGOS im Seelengrund kommen Göttliches und Menschliches zur Wirkeinheit zusammen. Welt wird geschaffen im schöpferischen Wort. Die Wendung nach innen wirkt zurück nach außen. Die Wirkeinheit mit Gott stellt den Menschen kontemplativ-aktiv in seine g a n- z e Welt, die zugleich geistig und körperlich ist, von e i n e m Atem durchweht, von e i-n e m Licht durchstrahlt, innen wie außen, ewig im Jetzt.

Wenn Gott und Mensch als Einheit wirken, erfüllt sich die Humanität des Menschen. Sie äußert sich im Handeln, das durch Erfahrung des Göttlichen neu motiviert ist. Das neue Handeln stammt aus einer gewandelten Haltung dem Seienden gegenüber, weshalb man Eckharts „Haltungsethik" zutreffend von der sonst üblichen „Verhaltensethik" unterschieden hat.[5] Die Verhaltensethik richtet sich auf Einzelheiten des Verhaltens, setzt Normen und Richtlinien für gutes Handeln. Eckhart meint dagegen, es käme nicht so sehr darauf an, genau zu wissen, wie man in bestimmten vorweggenommenen Situationen handeln solle; alles käme aber auf die innere Einstellung des Handelnden an. Die Motivation des rechten Handelns kann für Eckhart nicht aus der rationalen Abschätzung der Folgen des Handelns stammen, sondern entscheidend ist ihm die momentane Befindlichkeit des Gut-Seins als des Gegründetseins in der göttlichen Wirklichkeit. Alles Handeln, das solcherart motiviert wäre, müßte gut sein, was immer sein Inhalt oder seine Folgen wären. Menschen, die aus der Mitte ihres mit Gott vereinten Wesens handeln, bei denen der LOGOS zur wirkenden Tat wird, können gar nicht anders als gute Werke vollbringen. „Und wahrhaft glaube ich und bin dessen gewiß, dass der Mensch, der hierin recht stünde, nimmer von Gott geschieden werden kann, durch nichts auf irgend eine Weise: Er kann auf keine Weise in Todsünde verfallen."(424)

Dem in den Lehrdogmen und Moralgeboten verfestigten kirchlichen Glauben seiner Zeit setzte Eckhart die aus persönlich-seelischer Erfahrung stammende Gewißheit des Geistigen und ein daraus motiviertes Handeln entgegen. Er gab der Kirche die Chance, erneut zu einer Gemeinschaft gleichwertiger, vom lebendigen Geist durchwirkter Menschen zu werden. Die Kirche hat diese Chance kaum wahrgenommen. Ihr ging es, wie fast immer in ihrer Geschichte, um autoritäre Erhaltung von Bestehendem, um Verwertung und Verwaltung eines zum Bild erstarrten monopolisierten Gottes. Dass Gott noch nicht seine volle Wirklichkeit erreicht hat, und auch der Mensch nicht, dass beide in ständiger Wirkeinheit erst geboren werden – solches Gottes- und Menschenverständnis hätte die Institution der Kirche zu sehr verwandeln müssen als dass es in ihr sich hätte entfalten können. Die Entwicklung der Spiritualität nach dem Mittelalter fand wesentlich außerhalb der Kirche statt. Gott bekam neue Namen. Oder blieb namenlos. Eckharts mystische Erfahrung stand an der Schwelle solch überkirchlicher, umfassender Gotteserfahrung. Von seiner Erfahrung her können wir – das ist nun unser „Nutzen" seiner Erfahrung – mit nichtchristlicher Spiritualität kommunizieren, ohne doch den Gott unserer Kindheit verleugnen zu müssen. Gott ist nach einem Wort Meister Eckharts ein Gott der Gegenwart. Die je neue Gegenwart Gottes birgt die Zukunft jeglicher Spiritualität.

WUNSCHBILD GRAL[6]

Zweifel und Einheit

Ziel mystischen Strebens ist es, bereit zu werden für die Erfahrung von Einheit. Trennungen, welche menschliches Dasein bestimmen – innen/außen, Ich/Welt, Einzelner/Gemeinschaft, Mann/Frau, Mensch/Gott, Leben/Sterben, Lust/Schmerz – ertragen und bejahen zu können, den gemeinsamen Grund des Getrennten noch vor dem Tod bewußtseinsmäßig zu betreten: der Wunsch danach motiviert mystische Suche. Momente menschlichen Glücks enthüllen sich, individuell wie kollektiv, als Momente mystischen Findens. Ankunft am Ziel schon auf dem Weg, erlöst von der Mühe wollender Bewegung. Gelungene Einkehr ins ewige Jetzt.

Wiedergewonnen wird dabei die Gegenwart vorbewußter Einheitserfahrung. Fraglos ist das Subjekt gefügt in kosmische Verbundenheit von allem mit allem, materiell und geistig. Wir waren oft in dieser Gegenwart des Ungesonderten, ohne uns darum bemüht zu haben. Deshalb nennen wir sie auch Heimat. Wie der naive Parzival zum ersten Mal in die Gralsburg sind wir intuitiv hingelangt. Ohne dass wir gewiesen wurden: „es muoz unwissend geschehen." (Wolfram von Eschenbach, Parzival, V, 250, 2)[7] Doch besteht die geheimnisvolle Paradoxie mystischer Erfahrung darin, dass sie ebenso Ergebnis wissend-persönlichen Erlebens ist. Suche und Geführtwerden treffen in der mystischen Erfahrung von Einheit zusammen. Am entscheidenden Punkt schlägt die persönliche Bemühung um in neue Unwissenheit. Das sich bemühende Individuum wagt die Hingabe an das, was mehr ist als persönliches Wirken und Wähnen. Da finde ich mich nicht wie im naiv-kindlichen Erleben voraussetzungslos, geschichtslos, in der Einheit zuhause. Ich kehre heim zu ihr und begreife sie von ihrer Auffächerung in die Vielheit menschlicher Existenz her: als Einfalt, die nicht bloß Ursprung, sondern auch Ziel von Vielfalt ist. Ich verlösche als Einzelner nicht in ihr und bin doch auch nicht auf meine geschichtliche Einzelerfahrung beschränkt. Bis zu elementarsten Sonderungen wie hell/dunkel, Himmel/Erde, Geist/Körper, Zeit/Ewigkeit, ohne welche Denkraster unsere Wirklichkeit mental nicht erfaßt werden kann, hat auch das suchende Bewußtsein am Ziel der Suche die Vielfalt durchschaut und sieht über sie hinaus. In den letzten Unterscheidungen sind erste Verzweigungen der gemeinsamen Wurzel zu erkennen.

Die neue Einheit wird als Fülle gewonnen; weil ohne trennende Vereinzelung, erscheint sie zugleich als Leere der offenen Weite. Das Bewußtsein ist wieder einfältig geworden, hat die Zweifalt des Zweifels, die „zwîvelnot" unglücklichen Bewußtseins, widersprüchlicher Existenz hinter sich gelassen. Wenn Parzival zum zweiten Mal die Gralsburg erreicht, ist er kein Tor mehr, sondern ein Wissender auf suchender Fahrt, ein Erfahrener. Erfahrene Einfalt, Glück umfassenden Bewußtseins: nichts muss draußen bleiben. Einheit faßt positiv und negativ, gut und böse, Gott und Dämon, Geist und Fleisch, Gesellschaft und Ich. Ohne die Unterschiede zu verwischen! Doch steht das Unterschiedene nicht starr als Geschiedenes nebeneinander wie das definierend-abgrenzende Denken der Neuzeit es wollte, sondern in bewegtem Miteinander, Durcheinander. Es findet fortwährende Transformation des einen ins andere statt. Einheit ist somit nicht zu verwechseln mit dem Vereinheitlichungsprinzip, das alles ihm Widerstrebende unter sich subsumiert.

Verständlich, dass eine so dualistisch orientierte Weltanschauung wie die christliche der menschlichen Ursehnsucht nach dem Erlebnis dynamischer Einheit wenig entgegenkam. Zwar verbindet das magisch gegenwärtige Geschehen der Messe Einzelseele und Gruppenseele, läßt Materie und Geist in der Verwandlung als Einheit sich treffen. Im übrigen jedoch wurde Trennung – insbesondere die von Gott und Mensch als Abbild des Verhältnisses von Herrscher und Beherrschtem – in den Vordergrund des Bewußtseins der Gläubigen gerückt. Durch seelisch-geistige, genauer: durch mythisch-rationale, Bewußtseinskompromisse der zu glaubenden Dogmen konnte die dualistische Prägung des christlichen Bewußtseins nie ausgeglichen werden. Das Erlebnis von Einheit, Kern religiösen Erlebens, hat nichts mit dem Kompromiß von Gegensätzen zu tun. Ganzheit kann nie ein von außen verordnetes System sein. Wahrnehmung der Einheit findet zu allererst als seelisches Erlebnis im einzelnen Menschen statt.

Deshalb waren im Verlauf abendländischer, christlich geprägter Geistesgeschichte immer wieder Ergänzungen zum offiziellen Glaubensgebäude nötig, die es dem je einmaligen Individuum ermöglichten, den christlichen Dualismus zu überwinden und ohne Unterwerfung unter ein dogmatisches Einheitssystem sich seelisch für das Einheitserlebnis zu befähigen. Dem Einzelmenschen mussten Fingerzeige gegeben werden, die ihm erlaubten, sich auf seine persönlich spirituelle Suche zu begeben. Vor allem die christliche Mystik leistete solche aufs persönliche Einheitserlebnis weisende Ergänzung. Zu denken ist an die Interpretation von Sünde und Leid als zu bejahender Phasen menschlichen Daseins in der Zeit, an die Verbindung von körperlich-erotischem und geistig-erkennendem Erleben bei der seelischen Unio mit dem Göttlichen; oder an die bewußte Einbeziehung des Todes ins Leben, das dadurch die zusätzliche Dimension der Ewigkeit gewinnt. Mystische Ergänzung christlicher Weltanschauung korrespondierte dabei mit der überall in Europa stattfindenden Begegnung von immanent gerichtetem, seelisch akzentuiertem Natur-Mythos, wie er in der Volksüberlieferung weiterlebte, und transzendent gerichtetem, geistig akzentuiertem Christentum.

Auch das Gral-Symbol ist auf diese Begegnung zurückzuführen. In ihm verschmelzen geistig neue Erkenntnisse mit seelisch älterer Erfahrung, deren Wahrheit von der neuen Lehre, auch wenn sie sich dagegen wandte, nicht aufgehoben wurde. Der Gral deutet als Symbol auf mystische Einheit, besonders auf diejenige von Himmel und Erde, ohne sie direkt zu benennen oder abzubilden. Urerfahrung und Zukunftshoffnung zugleich, motiviert das Gral-Symbol die Suche nach Einheit; eine Suche, die ohne genauen Plan verläuft, zu keinem rational erfaßbaren Ziel führt – und die doch Erlösung von der „zwîvelnot" verspricht.

Symbol

Mit der Betrachtung des Gral-Symbols nähern wir uns der Grenze philosophischer Mystik und berühren das ursprünglichere mystische Denken in Bildern. Beides, Wort- und Bilddenken, wurde in der mittelhochdeutschen Predigt wie in der hohen Dichtung zu fruchtbarer Begegnung gebracht. Hier sind Ansätze zu einem die Schichten der Ratio und des Mythos integrierenden Bewußtseinszustand zu entdecken.

Wie das Wort des Mystikers auf etwas hinweist, das sich dem Wort entzieht, so ist das echte, dem Mythos entstammende Symbol nicht ein Zeichen für etwas eindeutig zu Bezeichnendes. Das Symbol meint etwas, das mit keinem einzelnen Bild abzubilden ist. Es ist ein dem Bewußtsein gerade noch zugängliches Nachbild oder Vorbild von Numinosem, dessen Wesen der Seele nur bei Übersteigung der alltäglichen Bewußtseinsfunktion erlebbar wird. Das Symbol ist seinem Wesen nach dem rationalen Wissen unbekannt und wird gleichwohl von der Seele als sicher existierend gewähnt. Es zeigt sich im Grunde der Seele und ist doch dem denkenden Zugriff entzogen. „Es glänzte und war doch verborgen: das zielt darauf, dass wir nach ihm verlangen und seufzen."[8] So Meister Eckhart über das „nichterkennende Erkennen" des LOGOS durch die Seele. Dasselbe gilt fürs religiöse Symbol, das - im magisch-mystischen Kult wurzelnd – in der Seelentiefe des von ihm berührten Menschen ein ahnendes, nichtbegriffliches Wissen wachruft.

Aus solchem Wissen entspringt Tun. Nicht nur LOGOS, das schöpferische Wort des Geistes, birgt schaffende Potenz. Auch das Symbol ist dynamischer Träger der Werdens–Energie, von der gleichen geistig–materiellen Quelle gespeist wie der LOGOS. Je tiefer und allgemeiner der Bezug des Symbols ist, desto lebenserzeugender und zukunftsträchtiger ist seine Wirkung. Es kann erlösende Macht gewinnen. In den halbbewußten und unbewußten Tiefen der Seele lagern beim heilenden Wort auch heilende Bilder, welche menschlicher Entwicklung Richtung verleihen. Das vom Mythos bestimmte Bewußtseinszeitalter der Menschheit wußte um die heilende Kraft solcher Bilder. Wesentliche Symbole wurden zu Real–Symbolen geformt. Das heißt: sie verbanden sich mit magisch verfügbaren Gegenständen. Diese besaßen somit zugleich sinnlich wahrnehmbare, materielle Funktion und übersinnlichen Bedeutungsgehalt. Der Kelch in der Messe – eine der Gestalten, die der Gral im Laufe seiner Entfaltung annahm – ist ein Realsymbol dieser Art. Körperlich belebt und heilt der Gral die von ihm Genährten; gleichzeitig erlöst er sie von seelischer Zerrissenheit, indem er ihnen als Momentanerfahrung das Erlebnis von Sinn schenkt.

In der Neuzeit sind die meisten der einst wirkkräftigen Symbole höchstens noch als allegorische oder ornamentale Versatzstücke im rationalen Diskurs, der die soziale und private Wirklichkeit prägt, übriggeblieben. Nur aus Kunst und Erotik ließen sie sich nicht vertreiben, ohne dass freilich dort ihre heilenden Kräfte noch ganz ernst genommen würden. Dämonisch versklavt – wie in der Scheinwelt von Klingsors magischem Garten, den Wagner als Gegenwelt der Gralsburg begriff – werden die heilenden

Kräfte der Symbole heute zu Beherrschung und Verführung in Propaganda und Reklame mißbraucht. Der Gral als Symbol von Einheit scheint eines der wenigen Symbole zu sein, die Schwund oder Versklavung widerstehen konnten. Über alles rationale Wissen hinaus birgt er weiterhin ein tiefes, unauflösliches, in die Zukunft weisendes Geheimnis. Umfassend genug ist das Gral-Symbol geblieben, um magische Gegenständlichkeit, mythisches Ahnen, rationales Erkennen vereinen zu können – und jenen Rest an Numinosem beizubehalten, der Unbekanntes antizipiert.

Vermittlung

Umfassendes Symbol ist der Gral zunächst schon dadurch, dass die Legende von ihm verschiedenste magische und mythische Traditionen miteinander vermittelt und zusammengefaßt hat. Keltischer Fruchtbarkeitsritus und christliche Messe treffen sich in der episch beschworenen Annäherung von Sterben und Leben, welche als frühlingshafte Transformation der Gral zu bewirken vermag. Als Stein der Weisen befähigt er den Phönix zum Aufstieg aus der Asche und bewirkt jene „Mauserung", die etwa auch im gleichnamigen I-GING-Zeichen Nr. 49 den Vorgang persönlicher und gesellschaftlicher Neugeburt durch Zerstörung hindurch symbolisiert:

> *von des steines kraft der fênîs*
> *verbrinnet, daz er zaschen wirt:*
> *diu asche im aber leben birt.*
> *sus rêrt der fênîs mûze sîn*
> *und gît dar nâch vil liehten schîn ...*
> *(IX, 469, 8ff.)*
> Durch des Steines Kraft verbrennt der Phönix zu Asche. Die Asche aber bringt ihn wieder zum Leben. Dies ist die Mauserung des Phönix. Danach beginnt er hell strahlen.

Tod und Auferstehung wirken im Bannkreis des Gral–Steines zusammen wie im Lapsis der Alchemisten, der mit der Christusfigur archetypisch gleichgeordnet ist. So ist denn der Karfreitag der Wundertag, an dem vom Himmel die Taube zum Gral herabkommt, um die Gegenkräfte von Himmel und Erde zu vermitteln. Sterben und Leben, Alter und Jugend sind durch den Zauber des Steines versöhnt. Trotz grauer Haare bleiben die Menschen, die im lebendigen Bezug zum Gral stehen, jung:

im enwürde denne grâ sîn hâr,
kraft dem menschen gît der stein,
daz im vleisch unde bein
jugent emphaehet al sunder twâl.
(IX, 469, 24ff.)
Selbst wenn ihm sein Haar grau würde, so gibt
der Stein dem Menschen doch solche Kraft,
dass Fleisch und Bein sofort wieder Jugend
empfangen.

Magisches Opfer ist die Mitte mythischen Eingedenkens des jahreszeitlichen Wandels vom Dunkel zum Licht, das im Gralstempel zelebriert wird. Sein Rundbau vereinigt Stonehenge, Epidaurus und Hagia Sophia. Neben keltischer oder christlich–antiker Überlieferung haben noch arabische, slawische, germanische und romanische Sagen die Gralslegende gespeist. Ob aber als Schale, Kelch, Stein oder Mühle – immer ist der Gral in der Überlieferung Zentrum eines Ortes der Wandlung. Wandlung bringt Einheit zum Ereignis: im Moment, da die ineinander sich verwandelnden Gegensätze einander berühren, ereignet sich jenes Gleichgewicht, das aus der Erfahrung jeweiligen Ungleichgewichts je neu herzustellen ist; Ordnung aus unmittelbarstem Chaos; Zeitlosigkeit im Strom der Zeit; Wunschkraft, die Wirklichkeit schafft; Erlösung der in Zweifalt und Zweifelnot befangenen Suchenden zur Einfalt im ewigen Jetzt. So beschreiben die verschiedenen Berichte den Bewußtseinsort der zum Gral Berufenen und der trotz ihrer Berufung immer wieder in die Irre Gehenden. Hell und dunkel, Freud und Leid ist ihnen als Erfahrung gleichermaßen aufgetragen. Anders wären sie zur erlebnismäßigen Realisierung von Einheit nicht fähig. Wolfram von Eschenbach, dem wir die erste literarische Ausformung der Gralslegende im deutschen Sprachraum (zwischen 1200 und 1210) verdanken, deutet im Prolog zu seinem „Parzival“ durch das Sinnbild der Elster bereits auf die Integration von hell und dunkel hin, welche das Schicksal der zum Gral Berufenen bestimmt. Bei denjenigen Menschen, die von gegensätzlichen Gefühlen und Stimmungen heimgesucht sind, deren Lebensweg in Leid- ebenso wie Freudezonen führt, seien schicksalsmäßig hell und dunkel, so meint Wolfram, wie im Gefieder einer Elster verteilt. Doch sei gerade dies die Voraussetzung für umfassende Erfahrung:

der mac dennoch wesen geil,
wande an im sint beidiu teil,
des himmels und der helle.
(I, 1; 7ff.)
Der mag dennoch fröhlich sein,
weil an ihm beide teilhaben,
der Himmel und die Hölle.

Wolfram bezieht den Prolog seines Werkes auf den Mythos vom Ursprung des Grals, der selbst erst später im Verlauf des Epos erzählt wird. Dieser Mythos geht auf alte häretisch-christliche Traditionen zurück; er handelt vom Zwischenreich, welches bei der Ur-Teilung des Kosmos entstanden ist, und von der doppelten Teilhabe der im Zwischenreich beheimateten Gralsleute am oberen und unteren Bereich:

die newederhalp gestuonden
dô strîten begunden
Lûcifer und Trînitas,
swaz der selben engel was,
die edeln und die werden
muosten ûf die erden
zuo dem selben steine ...
des steines phliget immer sider
die got dar zuo benande
und in sînen engel sande.
herre, sus stêt ez um den grâl.
(IX, 471, 15ff.)

Diejenigen Engel, die auf keiner Seite standen, als Luzifer und die Trinität miteinander kämpften, mussten zur Erde niedersteigen, zu dem Steine. Den Stein hüten diejenigen, die Gott dazu berief und denen er seinen Engel sandte. Herr, so steht es um den Gral.

Die Gralsleute sind also Menschen, die der Teilung der Welt, ihrer Einteilung in hell und dunkel, gut und böse, jung und alt etc., keine endgültige Realität zuerkennen wollen, weil sie dahinter die ursprünglichere Einheit ahnen. Sie können sich nicht für einen der Parteien im Kampf der Gegensätze entscheiden, denn sie begreifen diesen Kampf als Spiel der dynamisch sich in der Zeit auffächernden Einheit des Ewigen Jetzt. Deshalb obliegt solchen Menschen die Vermittlung zwischen den Gegensätzen. Dem christlichen Dogma mussten sie wegen ihrer Unentschiedenheit Ketzer sein. Dante, der in die „Göttliche Komödie" denselben Mythos wie Wolfram aufnahm, gönnte den Unentschiedenen nicht einmal einen Platz in der Hölle. Wolfram selbst legte den Gral-Ursprungsmythos im bedeutungsvollen IX. Buch des „Parzival" dem alten Meister Trevrizent beim Einweihungsgespräch mit Parzival in den Mund; später jedoch widerruft Wolfram die Verherrlichung des Zwischenbereiches (XVI, 796ff.), um sich nicht als Ketzer verdächtig zu machen. Dies konnte zu seiner Zeit lebensgefährlich sein.Freilich interessierte Wolfram nicht in erster Linie die esoterische Tiefe des Gralsmythos. Wie seinem Vorbild Chretien des Troys, der am Ende des zwölften Jahrhunderts, zurückgreifend auf ältere bretonische Quellen, erstmals ein Buch über den Gral geschrieben hatte, ging es Wolfram um die Beziehung von Gral und

Rittertum, also um den weltlichen Aspekt der Gralsgemeinschaft. Sie ist bei ihm eine gesteigerte Form höfischen Rittertums. Episch entwickeln Wolfram und Chretien die Gralswelt parallel zur Tafelrunde des Artus-Hofes. Im Dienst am Gral kommen symbolisch die beiden mittelalterlichen Idealtypen Ritter und Geistlicher zur Einheit. Die weltliche Artusgesellschaft findet in der Gralsburg ihre spirituelle Ergänzung, ohne dass eine Spaltung in profane uns sakrale Wirklichkeit nötig wäre. Im Verlauf des Epos erfährt Parzival fortschreitend die geistige Bedeutung des Rittertums als Freundschaft zwischen Gleichen:

der grâl und des grâles kraft
verbietent valschlîch gesellеschaft.
(XV, 782, 25f.)
Der Gral und des Grales Kraft verbieten
schlechte Gesellschaft.

Solche Freundschaft ist von einer gemeinsamen seelischen Mitte – man könnte sagen: von einem gemeinsamen numinosen Kern – her motiviert. Die unterlassene Mitleidsfrage Parzivals bei seinem ersten Besuch in der Gralsburg und die dadurch versäumte Heilung des kranken Gralskönigs Amfortas wird handlungsmäßig bei Wolfram entscheidend für Parzivals sittliche Entwicklung. Doch verweist sie ebenso auf einen psychologischen Hauptaspekt des Gralsgeschehens: Heilung durch einfühlende Identifikation mit einem anderen Menschen. Das wesentliche Selbst, überindividuell realisiert, ist das seelische Pendant zum Gralsgefäß. Wie dieses den Leib, so speist das Selbst die Seele, damit ihr das heilende Wort gelingt, dem Wandlungskraft entströmt. Das Ich kann wirkend nur dann zum Du finden, wenn der gemeinsame Existenzgrund, der Ich und Du ineins faßt, dem Fühlen und Denken erkennbar wird. Das ist ein ebenso geistiger wie weltlicher Vorgang. Liebe, Freundschaft, Sympathie sind Namen dafür.

Theologisierung des Symbols

Erst um 1300 mit Robert de Bonons´ Gralsroman begann die ausgesprochen christlich-katholische Theologisierung des Gralssymbols. Der Gral, etymologisch als „weit geöffnetes Gefäß“ zu verstehen, wurde in Anlehnung an apokryphe Evangelientexte mit der Schale identifiziert, in welcher Josef von Arimathia das Blut des gekreuzigten

Christus aufgefangen haben soll. Die tiefe magische Bedeutungsschicht des Symbols, auf welcher menschliches Opferblut und dessen Wirkung als mächtigstes Heilmittel evoziert wird, erfuhr einseitig christliche Mythologisierung, schließlich völlige Sublimierung. Unter theologischem Einfluß verlagerte sich das Ziel der Suche nach dem Gral auf die Ebene rein geistlichen Erlebens. Strengste Keuschheit wurde zu einem wesentlichen Zug des Gralsgeschehen; sinnliche Liebe musste zugunsten asketischer Spiritualität und Weltabgewandtheit verneint werden.

Mit dem Eintritt des Grals ins typisch christliche Spannungsfeld von Geist und Körper, aus dessen dualistischem Zwangskonflikt man nur die Entscheidung für eine, nämlich die Geist–Alternative hatte, entfernte sich das Symbol von seinem ursprünglich magisch-mythischen Grund. Als Moment der geschichtlichen Entwicklung des Symbols war dies wohl notwendig. Denn von lebendiger Einheit, für die der Gral steht, kann nur gesprochen werden, wenn sie immer neu durch Zwiefalt hindurch erfahren wird – und zeigt sich diese auch wie in der Neuzeit als feindliche Konfrontation von Gegensätzen. Am extremsten und für die Neuzeit symptomatisch hat Richard Wagner in seinem „Parsifal" den zerstörerischen Dualismus von körperlicher und geistiger Liebe ausgedrückt, in welchen die Theologisierung des Gralsymbols geführt hat. Durch die zentrale Gestalt der Kundry, einer modernen Hysterikerin, geht der Riß, der die beiden ursprünglich aufeinander bezogenen Pole unversöhnlich getrennt hat, mitten hindurch. Diese Problematik ist heute nicht mehr so drängend wie im neunzehnten Jahrhundert. Wagners Parsifalmusik ist da schon weiter als seine literarische Konzeption des Mythos. Die Musik lauscht dem erotischen Dualismus bereits als einem überwundenen nach: indem die von ihm erkrankten Menschen (Amfortas, Kundry) vom Gral geheilt werden, schließt sich der Riß.

Eine ursprünglichere, heut wieder voll entwickelte Spannung, die von Leben und Tod, klingt beim späten Wagner stärker durch. Sie bestimmt die weitere geschichtliche Entwicklung des Gral-Symbols. Weil wir den Tod – krasser als jemals eine Menschengeneration vor uns – als eine für alle in jedem Moment gemeinsam anstehende Möglichkeit in unser Leben integrieren müssen, erschließt sich uns die volle Heilkraft des Grals, die darin begründet liegt, dass er Tod und Leben als dauernd ineinander übergehende Wandlungszustände eines Gleichen begreifbar werden läßt.

Priesterkönige

Sakraler und profaner Bereich durchdringen sich in der Gralsburg. Amfortas und sein Nachfolger Parzival sind Priesterkönige. Sie stehen in der Tradition, die von den Herrschern früher Hochkulturen und von chinesischen Kaisern über König David und Jesus, den Judenkönig, bis zu den ersten Merowingern reicht. Diese leiten sich, einer geheimen Überlieferung zufolge, von einer Verbindung Jesu mit Maria Magdalena her. Aus welcher genealogischen Spekulation – die besonders in Lothringen, wo sich die Merowinger mit den nachfolgenden Karolingern verschwägert hatten, noch lange nachwirkte – speiste sich ebenfalls die Legende vom Gral.

Ähnlichkeiten des Gralsordens mit dem Templerorden sind in diesem Zusammenhang nicht zu übersehen. Sinn des Templerordens, und damit geheimes Ziel der Kreuzzüge, war es, das uralte Priesterkönigtum von Jerusalem neu zu beleben. Auch nach Vernichtung des Templerordens bestand der „Orden von Zion" weiter, verflochten mit den Rosenkreuzern und Freimaurern. Häretisches mystisches Wissen wurden so durch die Jahrhunderte weitergegeben und konnte Einfluß auf verschiedenen Ebenen politisch-gesellschaftlichen und geistigen Lebens ausüben. Man mag darin durchaus eine der Realisationsformen der Gralsgemeinschaft erblicken; freilich nur eine marginale, denn die seelisch-symbolische Gralswirklichkeit hat sich in ihrem Wesen nie voll in historischer Faktizität entäußert.

Der Gral ist ein gemeinschaftsstiftendes Symbol, weil er Einheit antizipiert. Die nicht entschlüsselte Zukunftspotenz des Symbols deutet auf noch ausstehende soziale, materielle Verwirklichung. Die Hüter des Grals hüten ihn als Verheißung von Erlösung. Seine Heilkraft ist bereit: ob in Katastrophe oder Neubeginn, ob fürs Ende der Menschheit oder für kommende Generationen – im notwendigen Augenblick wird die verschlossene Zukunftsbedeutung des Symbols aktualisiert werden. Darin besteht die Heilsverheißung des Sakralen, die durch keine Tatsache profaner Wirklichkeit entkräftigt werden kann. So ist der Gralsbereich eine geistig–seelische Enklave der Vermittlung in der faktischen Welt des Profanen. In der von Kampf und Gegensatz bestimmten Wirklichkeit der „Könige" eröffnet sich dem Eingeweihten der geheime, geheiligte Ort des priesterlichen Friedens.

Geheimnis und Häresie

Die Gralsburg ist nicht von jedem, nicht jederzeit zu finden. Sie ist ein geheimer Ort; sie birgt den Gral als Geheimnis. Der Aspekt des Geheimen – Rest numinoser Ehrfurcht dem Realsymbol gegenüber – paßt zu der Tatsache, dass die historischen Wurzeln des Gralskultes im Dunklen liegen. Denn die verschiedenen mythischen Traditionen, die das Gralsymbol genährt haben, hätten allein nicht ausgereicht, es zu schaffen. Sie mussten eine historisch-soziale Basis finden, auf der sie zum umfassenden Symbol gedeihen konnten.

Neben keltischen, von Priesterfürsten geprägten Gemeinschaften und neben dem Templerorden sind es vor allem religiöse und politisch eigenständige Gruppen in Südfrankreich, die als historische Modelle für die Gralsgemeinschaft gelten können. Unter den Bezeichnungen „Katharer" oder „Albigenser" sind sie bekannt geworden. Wolfram gibt für seinen Gralsroman einen Gewährsmann aus Südfrankreich an und lokalisiert die Gralsburg ungefähr an der spanisch-französischen Grenze. Die Albigenser waren urchristlich orientiert, dabei offen für verschiedene östliche Traditionen und tolerant aller fremden Spiritualität gegenüber. Es herrschte bei ihnen die Gleichrangigkeit des männlichen und weiblichen Prinzipes. Dem entspricht, dass sich auch in der Gralsburg Ritter aus östlichen und westlichen Ländern einfinden, dass der Gral von Männern und Frauen gepflegt wird. Ein herausragendes Fest wurde von den Albigensern zur Zeit der FrühjahrsTag-und-Nacht-Gleiche gefeiert: dasselbe Eingedenken von Wiedergeburt, welches das Grals-Mysterium bestimmt. Meditative Übungen und besondere sexuelle Praktiken, die den Zusammenklang körperlichen und geistigen Erlebens zum Ziel hatten, sowie eine vorwiegend vegetarische, von Fisch ergänzte Nahrung unterstützten den seelischen Verwandlungsvorgang, dem sich die Angehörigen der Albigensergemeinschaften, ähnlich wie die um den „Fischerkönig" Amfortas, versammelten Gralsritter widmeten.

Wie für den Templerorden ist der Ursprung der Katharer bei den frühchristlichen Häretikern zu suchen. Der Manichäismus ist hierbei interessant: dessen Gründer Mani aus Bagdad, Angehöriger einer gnostischen Sekte des dritten Jahrhunderts, ein Prediger und Heiler, wurde als „neuer Christus" verehrt und sah sich selbst durch die in ihm sich ereignende Verbindung von Göttlichem und Menschlichem als Nachfolger Jesu. Wie später Meister Eckhart begriff er Jesus als Mensch, dessen Göttlichkeit jeder andere Mensch in sich neu zum Entstehen bringen kann. Nach Manis Märtyrertod breitete sich seine Lehre über Arabien bis nach Spanien aus. Das dortige geheime Zentrum der manichäischen Lehre wurde dann mit dem Gral in Zusammenhang gebracht.

Der Arianismus ist in Hinblick auf den Gral ebenfalls zu beachten. Er war unter den Westgoten die herrschende Form des Christentums in Spanien und Südfrankreich. Von der katholischen Kirche wurde er als Häresie eingestuft. Arius wirkte im vierten Jahrhundert in Alexandria. Er lehrte, dass Jesus sterblich wie jeder Mensch gewesen sei; als begnadeter Heilsbringer und Lehrer sei das Göttliche in ihm zu verehren, mehr noch sei er aber als Bruder zu lieben. Wie die spätere katharische Spiritualität war der Arianismus von Toleranz und Offenheit gegenüber Judentum und Islam geprägt. Gerade diese Offenheit ist auch ein Wesensmerkmal der Gralsgemeinschaft. Wie sie voll gelingen kann, zeigen Kampf und Versöhnung Parzivals mit seinem afrikanisch-arabischen Halbbruder Feirefiz; der findet ebenso wie Parzivals Frau Kondwiramurs einen gebührenden Platz in der Gralsburg.

Toleranz, Ausdruck polar-integrativer Weltauffassung, beunruhigte verständlicherweise die dogmatisch-dualistischen Machthaber in Rom. Innozent III. wußte geschickt den Neid des nordfranzösischen Adels auf die wohlhabenden Südfranzosen für seine Zwecke einzuspannen und veranlaßte 1208 einen Feldzug gegen die Katharer. Das Ergebnis war die fast völlige Ausrottung der Katharer: ein Völkermord modernen Ausmaßes, mit dem die katholische Kirche zwar ihre Vorherrschaft im Abendland erkaufte, ihre moralische Autorität jedoch für alle freien Geister vollends verspielte. Das Geheimnis des Grals strahlte nach der mörderischen Vernichtungsaktion wie der Phönix aus der Asche umso heller als Wesen christlicher, wenn auch unkirchlicher Gesinnung hervor. Nur kleinste Albigenser-Enklaven überlebten im Verborgenen. In ihnen wurden die kultischen Gegenstände, Riten und das Gedankengut der Katharer bewahrt. Dichter wie Wolfram von Eschenbach im „Parzival“ oder Gottfried von Straßburg im „Tristan“ konnten höchstens andeutungsweise – und bei Betonung persönlicher Distanz – von den Geheimnissen der Katharer sprechen. Jedweder Verdacht der Zugehörigkeit kostete das Leben. So wurden in unmittelbarer Nähe Gottfrieds im Jahre 1212 auf Betreiben des Bischofs Veringer in Straßburg über achtzig Männer und Frauen wegen katharischen Glaubens verbrannt.

Wenn wir angesichts solcher ihm historisch entgegengebrachter Zwietracht, Feindschaft, Zerstörungswut den Gral als Symbol von Einheit, Versöhnung, Heilung messen, können wir die untergründige Macht schätzen, die ihm weiterhin über die Jahrhunderte hinweg innewohnte. Wo bei Dichtern wie Wolfram und bei Denkern wie Eckhart, bei Gruppen wie Waldensern, Hussiten, Adamiten, Wiedertäufern oder Freimaurern die mystische Erfahrung der versöhnten Gegensätze im Ewigen Jetzt gepriesen wurde, stand direkt oder indirekt der Gral als motivierendes Symbol im Hintergrund. Wo fiktive Friedensorden wie in Mozarts „Zauberflöte", in Goethes „Wilhelm Meister", in Hesses „Demian" und „Morgenlandfahrern" oder noch in Ernst Kreuders „Gesellschaft vom Dachboden" verschiedenste Menschen im Erlebnis ihrer gemeinsamen seelischen Mitte vereinten, da war weiterhin Gralsgebiet: Psychokratie von Gleichen, die ohne Haß und Vernichtungswut die Polaritäten menschlicher Existenz, die Mannigfaltigkeiten des Leben zulassen können.

Gralsgemeinschaft

Wer zum Gral berufen ist, der wird ihn finden. Für den Unberufenen ist die Suche sinnlos:

> *...daz den grâl ze keinen zîten*
> *niemen möchte erstrîten,*
> *wan der von gote ist dar bekant.*
> *diz maere kom über elliu lant,*
> *dehein strît möhte in erwerben:*
> *yil liute liez dô verderben*
> *nâch dem grâle gewerbes list,*
> *dâ von er noch verborgen ist.*
> *(XV, 786, 5ff.)*
>
> ...dass keiner je den Gral erstreiten könne, der nicht von Gott dazu berufen sei. Diese Kunde verbreitete sich über alle Länder, dass kein Kampf ihn erwerben könne. Da gaben viele Leute es auf, nach dem Gral durch geschäftige List zu streben. Somit ist er noch immer verborgen.

Kampfeslust, schlaue Absicht, kluge Geschäftigkeit, Wissen und Wollen allein vermögen da nichts. Weltliche Fähigkeiten sind ungenügend zur Erlangung von etwas, das sich weltlichen Gesetzen entzieht. Überweltliche Bestimmung muss zum eigenen Streben hinzukommen.

In der Welt, doch nicht von dieser Welt; deshalb verborgen vor der Welt: eine Gemeinschaft von wenigen, wichtig für alle, weil die Möglichkeit der Einheit von Zeitlichem und Ewigem wachhaltend, weil aus der Zerstörung immer wieder Erneuerung gewinnend. Da sie von ihrem wesentlichen Selbst her existieren, ohne strenge Trennung von Diesseits und Jenseits, da folglich ihnen Leben und Tod nicht in unaufhebbarer Zeitfolge auseinanderfallen, können für die Gralsleute leidvolle Erfahrungen nie zum beherrschenden Erlebensextrem von „Hölle" werden. Im Zwischenbereich der Gralsburg, wo die Gegensätze als bewußt vermittelte Pole einer gemeinsamen Lebenserfahrung einander treffen, vermögen starke, kampfgeübte Ritter zugleich milde, gefühlstiefe Geistliche zu sein; hohe schöne Frauen sind freiwillig zu magdhaftem Dienst bereit. Die materielle, weltliche Wirklichkeit, ohne etwas von ihrem Gewicht und ihrer Fülle einzubüßen, wird von geistig-geistlichem Bewußtsein durchwoben. So entsteht die aus einem kollektiv-seelischen Zentrum gesteuerte Ordnung des psychokratischen Gralsbundes. Erde und Himmel, Körper und Geist sind vereint. Aus manchen Steinkunstwerken der Stauferzeit blickt uns noch etwas von der Wirklichkeit dieser Synthese an.

Das im Gral bewahrte Blut transformiert sich, ohne erschöpft zu werden, in der Begegnung mit der Taube des Geistes, die vom Himmel entgegenkommt, zu etwas Neuem: zur seelischen wie materiellen Nahrung der Gralshüter:

ez ist hiute der karvrîtac,
daz man vür wâr dâ warten mac,
ein tûbe von himele swinget,
ûf den stein diu bringet
eine kleine wîze oblât,
ûf dem steine si die lât (...)
dâ von der stein emphaehet
swaz guotes ûf erden draehet
von trinken und spîse,
als dem wunsch von paradîse (...)
der ritterlîchen bruoderschaft,
die phrüende in gît des grâles kraft.
(IX, 470, 1ff)

Heute ist Karfeitag. Da kann man erwarten, dass wahrhaftig eine Taube sich vom Himmel auf den Stein herabschwingt. Sie bringt eine kleine weiße Oblate, die sie auf den Stein legt. Davon empfängt der Stein, was es Gutes auf Erde gibt an Ge-

> tränken und Speise, wie im Paradies. Das
> ist die Pfründe, die des Grales Kraft der
> ritterlichen Bruderschaft gibt.

Zwischen biologischen Kollektiven der Blutsgemeinschaft (Familie, Sippe, Stamm und Volk) oder geistlichen Hierarchien (Kirche, klösterlichen Orden) bildeten sich im europäischen Hochmittelalter relevante Gemeinschaftsformen heraus, denen es gleichermaßen um körperliche wie geistige Veredelung ihres Daseins ging. Gemeinsam war den aufeinander als konkrete Menschen bezogenen Angehörigen dieser meist geheimen Orden das Bewußtsein ihres seelischen Ranges. Sie versuchten von ihrem je eigenen seelischen Erleben her in sich den „Menschen" als Einzel- wie Gemeinschaftswesen zu verwirklichen. Bei solcher Verwirklichung kann es nicht das Ziel sein, sich als einzelner im Kollektiv, sei dies nun weltlich oder geistlich, auszulöschen. Das kollektive Sein der realen Gemeinschaft wird vielmehr durch die jeweilige Eigenheit des Einzelnen erst konstituiert. Der Einzelne strebt danach, das, was alle gemeinsam im Innersten bestimmt und verbindet, in seiner jeweiligen Eigenart auszudrücken. Deshalb ist jedem ein eigenes Schicksal, eine eigene Geschichte in der Zeit, zugewiesen. Daneben besteht die Teilhabe an der Zeitlosigkeit des Bundes. Bei der Zusammenkunft zum gemeinsamen Ritual wird der Einzelne Teil des kreisförmigen Vollzugs eines wiederholbaren Mythos. Unwiederholbare eigene Geschichte trifft sich in der magischen Zeremonie mit mythischer Überzeitlichkeit - als Gegenwärtigkeit des einen Seins.

In diesem Sinn kann man sagen, dass die Gralsleute, in denen die neue Möglichkeit menschlicher Gemeinschaft zu erkennen ist, ein „höheres" Menschentum als vorhergegangene Gemeinschaftsformen verwirklichen. Ihr höherer Rang leitet sich im Unterschied zur körperlich-materiellen Mächtigkeit des Ritters oder zur intellektuellen Überlegenheit des Geistlichen aus seelischer Tiefenerfahrung her. Durch ihr Wissen um die Zeitlosigkeit des Seelengrundes, von dem ihr Wirken in der Zeit bestimmt ist, durch ihre bewußte Bezogenheit auf das vor aller Sonderung mächtige Sein, halten die Menschen dieses seelischen Ranges die Hoffnung lebendig auf eine von innerer Gemeinsamkeit geprägte friedfertige Gesamtmenschheit.

Die Gralsleute erkennen einander als gleichrangig. Jenseits von Machtkämpfen verwirklichen sie archetypisch den Geschwisterbund, in dem es nicht mehr um patriarchalische Unterdrückung oder matriarchalische Umgarnung und somit auch nicht mehr um kindliche Rebellion geht. Mit all dem hat sich jeder der Gralsleute auf seine Weise, seinem Schicksal gemäß, draußen in der Welt herumgeschlagen. Der Kampf ums Erbe der Macht, das Streben nach Gold und Liebe, liegt hinter ihnen. Auch Mann und Frau stehen hier nicht länger im Spannungsfeld sexueller Gegensätzlichkeit. Jeder kann die gegengeschlechtlichen Möglichkeiten in sich selbst so entfalten, dass ein Gefühl innerer Verbundenheit sich ausbreitet. Am Schluß führt Parzival seine „Anima" Kondwiramurs konfliktlos in die Gralsgemeinschaft ein. Utopisch verkörpern sie den Astral-Mythos des „hohen Paares": Vorbild des einen, ganzen Menschen.

saelden vart

Die Schar der Berufenen, die den Gral hegt und pflegt und die unmittelbar vom Gral geistig und materiell ernährt wird, ist übernational, aus „manegen landen", jenseits sozialer Unterschiede „der arme und der rîche", übergeschlechtlich, „megeden (...) oder knaben". (470, 21ff). Schon als Kind wird der Einzelne zum Gralsdienst auserwählt; bei der Karfreitagszeremonie erscheinen die Namen der Erwählten auf dem enthüllten Gral. Die Lebensreise der Erwählten, ihr Schicksal als zeitliche Entspulung ihres im Gral geballten Wesens, ist grundsätzlich eine Heilserfahrt: „saelden vart". Das heißt nicht, dass die Berufenen ohne Leid seien. Vielmehr besteht ihr Glück (saelde) gerade in ihrer Teilhabe am Schmerz ebenso wie an der Freude:

> *„nû hoert dirre âventiure site:*
> *diu lât iuch wizze beide*
> *von liebe und von leide*
> *freude und angst vert dâ bi.*
> *(I, 3, 28ff)*
> Nun hört dieser Geschichte zu:
> da erfahrt ihr von beidem, von
> Liebe und von Leid; Freude und
> Angst kommen auch dazu.

Im Parzival-Epos sind die wichtigsten, aus der Gralsgemeinschaft stammenden oder zu ihr hin findenden Personen durchaus von Leid geprägt: Amfortas, den schlimmen Schmerz der wunden Hoden erduldend; Trevrizent, einst von Kampflust und Minneverlangen unmäßig überwältigt, nun als Einsiedler asketisch büßend; Herzeloyde, die kaum vermählt den Tod ihres Gatten Gachmuret verwinden musste, sterbend am Kummer über den jähen Weggang des Sohnes; Parzival selbst, der, an Gott und den Sinn seines Lebens verzweifelnd, auf seinen Fahrten immer weiter in die

Irre gerät – sie alle sind gleichwohl vor dem Fall ins völlige Dunkel des Nichts bewahrt. Nie sind sie ganz ohne „saelde", nie unselig. Denn ihr Tun und Leiden, sei es noch so irrig und schmerzvoll, ihre Traurigkeit und Verlassenheit, hat eine vom Gral vermittelte Entsprechung von Sinn und Freude. Beides, Schmerz und Lust, entstammt für sie der einen Mitte, dem Gral.

Die Nähe oder Ferne zum eigenen Wesenskern ermißt sich den Gralsleuten an der Nähe oder Ferne zur Gralsburg, welche dadurch zur Eckhartschen „Burg des Seelengrundes" wird, in der das unzerstörbare Selbst geborgen ist. Parzivals Geschichte, an der sich seine innere Entwicklung ablesen läßt, weshalb Wolframs Epos zum Muster späterer „Entwicklungsromane" wurde, verläuft in drei Phasen wechselndes Bezuges zum Gral. Die erste Phase steht im Zeichen seiner kindlichen Naivität, die geistig noch weiterbesteht, als er längst zum ritterlichen Mann geworden ist. Am Ende dieser Phase, im Verlauf eines ersten Versuches seelischer Selbstfindung, läßt ihn seine Naivität „unwizzende" den Gral finden. Die zweite Phase zeigt den wissenden, in Zweifel und Schuld verstrickten Parzival, der sich vergeblich bemüht, den Gral wieder zu entdecken, um die verlorene kindliche Seeleneinfalt nochmals zu erlangen. In der dritten Phase wird Parzival erneut zum Gral hingeführt. Durch das therapeutische Gespräch mit dem weisen Trevrizent gelingt die Integration von Parzivals persönlicher, gralsferner Geschichte, seiner irrenden Ritterschaft, mit seiner vor allem Wissen in ihm lebendig wirksamen, überpersönlichen Gralsbestimmung.

Entwicklung als Integration

Langsam nur wird Parzival fähig, über sein Schicksal zu reflektieren und einen Sinn in seinem Leben zu ahnen: „er küene, traeclîche wîs" (I, 4, 18). Seine Kühnheit drängt ihn schon als Knaben zum spontanen Handeln. Besinnungslos, vorschnell:

> *sît dô er sich baz versan,*
> *ungerne hete erz dô getân.*
> *(III, 161, 7f.)*
> Als er sich später besser be-
> sann, hätte er das lieber nicht getan.

Handeln mit Besinnung zu vereinen, das Tun des Nichttuns zu lernen, bedeutet für Parzival, väterliches und mütterliches Erbe gleichwertig in sich zu aktivieren. Zunächst sind beide getrennt. Die Mutter, die um die Gefahr väterlich-männlicher Kühnheit weiß, versucht, in geschichtslos-friedlicher Waldidylle ihn vor der Männerwelt-Gewalt zu schützen. Sie will ausschließlich das Gute für ihn, lehrt ihn dadurch jedoch einen absoluten Dualismus von gut und böse, hell und dunkel, an dem er später – sich daran orientierend – innerlich fast zerbrechen wird:

sin muoter unterschied im gar
daz vinster und daz lieht gevar,
(III, 119, 29f.)
Seine Mutter unterschied ihm das
Finstere vom Lichten.

Als sie den seelisch noch kindlichen, körperlich schon erwachsenen Parzival nicht länger bei sich halten kann, schickt sie ihn in Narrenkleidern und mit Ratschlägen, wie sie einem Kind geziemen, in die Welt. Sie möchte nicht, dass er in der Männerwelt ernst genommen wird; er soll nicht erwachsen werden, kämpfender Mann unter Männern.

Doch künstliche Naivität kann die Einfalt des Kindseins nicht verlängern. Parzival muss den männlichen Anteil in sich realisieren: als Kämpfer, der in Gegenreaktion zur mütterlichen Idylle rohe Rauf- und Mordlust ausbrechen läßt, lernt er durch Belehrung und Beispiel vorbildlicher Ritter, vor allem seines künftigen Schwiegervaters Gurnemanz, die Sublimierung seiner natürlichen Aggression zu Formen fairen Wettstreits. Er wird zum untadeligen Artusritter. Seine zunächst ungezügelte Sexualität findet ihre männlich-erwachsene Erfüllung in der Ehe mit Gurnemanz´ Tochter Kondwiramurs. Indem Parzival so seine Männlichkeit angemessen verwirklicht hat, kann die eigentliche Integration der verschiedenen Kräfte seiner Persönlichkeit beginnen. Nun muss er das Weibliche, das seine Kindheit bestimmt hat, wieder in sich aktivieren und mit seiner Männlichkeit verbinden. Auch hier: die erlebte Zwiefalt erst befähigt zur bewußten Einfalt der Ganzheit. Bezeichnenderweise steht am Anfang des Integrationsprozesses ein neues Interesse Parzivals an seiner Mutter und der damit verbundene Abschied von Kondwiramurs:

ob ir gebietet, vrouwe,
mit urloube ich schouwe
wiez umbe mîne muoter stê.
Ob der wol oder wê
sî, daz ist mir harte unkunt.

(IV, 223, 17ff.)
Laßt mich ziehen, Frau, damit
ich schaue, wie es um meine
Mutter steht. Ob es ihr gut oder
schlecht geht,
weiß ich überhaupt nicht.

Integration ist ein seelischer Vorgang. Erinnerungen, Auseinandersetzung mit der Vergangenheit sind Aktivitäten der Seele. Parzivals Weg führt ihn bald nach seinem Abschied von Kondwiramurs zum Wasser, seit altersher symbolisches Element des Seelischen. Amfortas, der Gralskönig, erscheint Parzival zuerst als „Fischerkönig" auf dem Wasser. Selber seelisch leiderfahren, warnt Amfortas, „der trurege man" (V, 225, 18), den Jüngeren vor dem Gebiet, das vor ihm liegt: „da gent unkunde wege." (V, 226, 6) Von diesen Wegen weiß man nicht schon vorher, wohin sie führen werden. Die Bewegung im seelischen Neuland setzt den Mut zu eigenem, dem Ich noch unbekannten Schicksal voraus. Zunächst wird Parzival mit Leid und Traurigkeit als existentieller Zone, die den Gral umlagert, konfrontiert. Von der Gesellschaft, die mit dem kranken Amfortas zusammenlebt, heißt es: „ir klagendiu staete was so ganz". (V, 242, 6) Fahle Bangigkeit des Sterbens umgibt den Ort der Wiedergeburt. Zur Burg im Seelengrund, die das wesentliche Selbst birgt, gelangt man mystischer Lehre zufolge nur durch Stimmungen der Trauer und Angst hindurch.

Dass Parzival auf die Erfahrung der Leidzone nicht menschlich spontan reagieren kann, dass ihm die Artikulation seines Gefühles nicht möglich ist, wird handlungsmäßig von Wolfram auf die innere Gespaltenheit Parzivals zwischen ursprünglicher Spontaneität und angelernter Sitte zurückgeführt („durch zuht in vragens doch verdroz." V, 239, 10), zeigt aber zugleich eine psychische Defizienz, welche die der Neuzeit eigene Unfähigkeit zur Realisierung von Traurigkeit antizipiert. Parzival befindet sich im psychischen Zustand des „double bind": in jener Falle, in die man durch zwei einander ausschließende moralische Forderungen, die gleichzeitig gestellt werden, gerät. Spontanes Gefühl – höfische Sitte, mütterliche Weichheit – väterliche Härte streiten miteinander. In einem solchen Streit muss man immer der Verlierer bleiben; nie wird man den Anforderungen der ambivalenten Situation gerecht werden können. Permanentes Schuldgefühl ist die Folge.

Parzival muss also in diesem ersten Konflikt seines Integrationsprozesses versagen. Er kann die Mitleidsfrage an Amfortas noch nicht richten. Doch bringt ihn das Bewußtsein eines solchen Konfliktes überhaupt erst zur Wahrnehmung seiner eigentlichen seelischen Aufgabe. Als er vor dem zugeschlagenen Tor der Gralsburg steht, wird ihm seine innere Gespaltenheit recht eigentlich klar und er empfindet das Leid, vom eigenen Wesen getrennt zu sein:

> *ob in nû kumber wecke,*
> *des was er dâ vor niht gewent*
> *er enhete sich nicht vil gesent.*
> *(V, 248, 14ff.)*
> Dass er mit Kummer erwachte,
> das war er früher nicht gewöhnt
> gewesen. Er hatte sich nicht viel
> gesehnt.

Sehnen begleitet seinen weiteren Weg, Sehnen nach Einheit von persönlichem Geschick und übergeordneter Bestimmung, nach Versöhnung der einander widersprechenden Impulse in seinem Inneren. Die Sehsucht führt ihn auf einen mühevollen Weg. Schließlich gerät er in die Irre, in die Verzweiflung. Die Verzweiflung freilich ist Höhepunkt und Ende der „zwîvelnot". Sie bringt Parzival zum Wagnis der Hingabe an das, was mehr ist als sein eigenes Wollen, Sehnen und Mühen. Er läßt die Zügel los und sagt zu seinem Pferd: „nû genc nâch der gotes kür." (IX. 452, 9) Damit beginnt die dritte Phase seiner Entwicklung, in deren Verlauf Parzival schließlich wieder zum Gral zurück gelangt, der ihn entsühnt und der ihn von der Sehnsucht nach der Einheit befreit, weil Teilhaben am Gral die Einheit bedeutet. Parzival wird – durch seine besondere Leidensfähigkeit und Sehnsuchtsstärke dafür vorbereitet – zum Gralskönig. Makrokosmisch heißt dies, dass die Planetenkräfte, die über Parzivals Schicksal walten, in günstiger Beziehung zueinander stehen; mikrokosmisch ist damit der Streit der Seelenkräfte untereinander beendet:

> *siben sterne si dô nande (...)*
> *die sint des firmamentes zoum,*
> *die enthalden sîne snelheit,*
> *ir kriec gein sînem lufte ie streit.sorge ist dînhalp nû weise.*
> *swaz der plânêten reise*
> *umlouft und ir schîn bedeckt,*
> *des sint dir zil gestecket*
> *ze reichen und zerwerben.*
> *dîn riuwe muoz verderben (...)*
> *dû hâs der sêle rouwe erstriten*
> *und des libes vreude in sorge erbiten.*
> *(XV, 782,)*
> Sieben Sterne nannte sie da(...) Sie sind
> des Firmamentes Zaum und hemmen des-
> Schnelligkeit. Ihre Gegenkraft kämpft
> gegen seine Bewegung an. Für dich ist die
> Sorge verwaist. Alles was der Planeten
> Reise berührt und was ihr Schein bedeckt,
> ist dir zu erreichen und zu erwerben als

> Ziel gesteckt. Deine Reue muss nun vergehen. Du hast der Seele Ruhe erstritten und des Leibes Freude in Sorge erworben.

Das Ergebnis seiner schmerzvollen Fahrt der Selbstfindung ist für Parzival ein Glück, in dem Seelenruhe und Körperfreude zusammenklingen. Die an sich selbst vollbrachte Einheit befähigt ihn zum Stifter der Einheit für andere. Er kann angesprochen werden als „du krône menschen heiles“ (XV, 781, 14): erwünschtes Menschenideal, dem durchs mythische Eingedenken im Epos die abstrakte Ferne der philosophischen Spekulation genommen wird.

Wunsch

Erstmals beschreibt Wolfram den Gral, als Parzival auf der Gralsburg der Gralsspeisung beiwohnt. Die Königin bringt den Gral in die Halle:

> *ûf einem grüenen achmardî*
> *truoc si den wunsch von paradîs,*
> *beide wurzeln unde rîs:*
> *daz was ein dinc, daz hiez der grâl,*
> *erde wunsches überwal.*
> *(V,235, 20ff)*
> Auf grüner Achmardiseide trug sie den „Wunsch vom Paradies“, der Wurzeln und Reis gleichzeitig war. Dies war ein Ding, das hieß der Gral, ein Überwallen der Erdenfülle.

Mittelhochdeutsch „wunsch“ wird neuhochdeutsch oft als „Ideal“ übersetzt. Dem liegt die Überlegung zugrunde, dass das Wünschenswerte nicht in der Wirklichkeit vorhanden sei, sondern jenseits ihrer als Urbild der Vollkommenheit wese. Im „wunsch von paradîs“, den Stapl mit „des Paradieses Vollkommenheit“ übersetzt, ist etwas von dieser Vorstellung enthalten.[9] „wunsch“ ist der Inbegriff des Vollkommenen, wie das zahlreiche mittelhochdeutsche Wortbildungen bezeugen, etwa „wunschleben“ (ideales Leben) oder „wunscheclîche“ (vollkommen). Doch bereits in Wörtern wie „wunschlant“ (ersehntes Land) oder gar „wunschgewalt“ (höchste Kraft) ist ein aktiv–subjektives Moment enthalten, welches der ursprünglichen Bedeutung von „wunsch“ näher steht als die Vorstellung idealer Vollkommenheit. Vielleicht kann man sagen, dass zwischen der aktiven Bedeutung des „wunsches“ als Begehrvermögen und konzentrierter

Fähigkeit, etwas Außergewöhnliches zu schaffen, wobei „wünschen“ zum Beschwören, Segnen und Heilen hintendiert, einerseits, und der statischen Vollkommenheitskonzeption des Wünschenswerten, welche dem Begriff später zugeordnet worden ist, andererseits – dass dazwischen der Übergang von germanischem, noch tief im Magischen verwurzelten Volksglauben zu christlichem, vom griechischen Denken geprägten Mythos zu erkennen ist. Im Realsymbol des Gral sind beide Bedeutungen aufgehoben. Doch ist die zweite nur aus der ersten, ursprünglicheren Bedeutung des aktiv schaffenden, sagenden Wollens zu verstehen. Freilich ist auch eine Verwandtschaft mit vorchristlich-vorplatonischem griechischem Denken, vor allem der LOGOS-Vorstellung Heraklits, zu beachten. Die zweite Verwendung des Wortes „wunsch“ im angeführten Zitat macht es deutlicher: „erden wunsches überwal“. Stapl übersetzt: „alles Erdensegens Überschwang“, faßt also „wunsch“ hier als Segen, der von der Erde gespendet wird; das hinzugefügte „alles“ unterstreicht die Stärke des Segens, der von der Erde als ganzer kommt. Diesem gewaltigen Segen der Erde, oder genauer: ihrem zeugend-schaffenden Wünschen, fügt Wolfram zur Beschreibung der Heilskraft des Grals noch das Wort „überwal“ steigernd hinzu. Der Gral ist das Überwallen, Übersprudeln, der Überfluß erdhafter Schaffenskraft. Indem die Kraft der Erde überwallt, übertrifft (auch das eine Bedeutung von überwallen!) sie sich selbst; sie wird mehr als irdisch.

Der Gral wurzelt in der Erde. Der grüne „achmardî“ (Seidenstoff) kann symbolisch für die Fruchtbarkeit der Erde, ihr unerschöpfliches Hervorquellenlassen von Leben aufgefaßt werden. Von dort stammt die Kraft für jegliche Erneuerung; dort hat Evolution als biologisch–vitale Selbstorganisation der Welt ihren Ursprung. Aller paradiesische Segen des Gartens Erde kommt aus diesem Grund. Im Einweihungsgespräch nimmt Trevrizent, wie schon zitiert, den erdhaft-segnenden Aspekt des „wunsch von paradîs“ wieder auf:

> *swaz guotes ûf erden draehet*
> *von trinken und von spîse,*
> *als den wunsch von paradîse ...*
> *(IX, 470, 12ff.)*
> Was es Gutes auf Erden an Geträn-
> ken und Speisen auf Erden gibt, wie
> im Paradies...

Doch der Gral, der solchen Segen vermittelt, wurzelt nicht nur in der Erde, er umfaßt „beide wurzeln unde rîs“: die Wurzeln greifen in die Erde hinab, das Gezweig reicht zum Überirdischen hinauf. Der Wunsch der Erde ist das Überirdische. Dies steht ihr nicht außen als ein ganz anderes gegenüber, sondern es ist das Überwallende der Erde selbst, ihre im aktiven Wünschen sich vollziehende Wandlung. In der Wandlung von Erde zu Himmel, von Blut zu Geist, die der Gral bewirken kann, geschieht jener mystische Überschwang der Seele, die – sich selbst nicht mehr genügend - an ihre äußersten Grenzen gelangt und überflutet in ein anderes. Dort ist sie selbst und zugleich nicht mehr sie selbst. Auf das Übersteigen des eigenen Wesens, das in der höchsten Erfüllung von dessen Möglichkeiten gelingt, weist Nietzsches Denkbild des Übermenschen, den er die „Sehnsucht des Menschen" nennt. Das Transzendente wird für den Menschen erst dann zur Wirklichkeit, wenn er sich selbst transzendiert. Nicht jenseitig, von irdischer Wirklichkeit getrennt, ist das Ideal des Erwünschten. Nicht auch west es in einem Vorher als fertiges Modell der Wirklichkeit. Es wird erst mit der Wirklichkeit. Wirkend-wünschend entspricht Irdisches dem Geistigen. Im Zeitlichen gelangt mystisches Erleben zum Ewigen, im individuellen Dasein zum gemeinsamen Sein. Die Vielfalt des Außen mündet in die Einfalt des Innen, und umgekehrt. Stets neue Gottesgeburt, stets neuer Schöpfungsakt – im Gralsgeschehen realsymbolisch evoziert und dadurch zum gegenwärtig nachvollziehbaren Heilsereignis geworden.

ANMERKUNGEN

Erster Teil

Motto: Martin Heidegger: Unterwegs zur Sprache. Pfullingen 1986. S.198

1. In diesem Aufsatz habe ich teilweise meinen Vortrag „Laotse als Meister des Lebens" mitverarbeitet. Abgedruckt in Willi Massa (Hrsg.): Der Ruf nach dem Meister. Große Gestalten der Mystik. Meditationszentrum Exerzitium Humanum. Tholey 1979. Als Kassette erschienen im Avida-Verlag, Frankfurt/Main 1981. Die vorliegende Fassung wurde mit geringfügigen Änderungen erstmals veröffentlich in: Edith Zundel, Bernd Fittkau (Hrsg.): Spirituelle Wege und transpersonale Psychotherapie. Paderborn 1989.
2. Laotse zitiere ich nach meiner Fassung des TAO-TE-King: TAO – Umschreibungen des Wegs nach Laotse. Reutlingen 1978. (Diese Fassung ist entstanden aus der meditativen Auseinandersetzung mit zahlreichen deutschen und englischen Übersetzungen Laotses. Zum Vergleich sind insbesondere die wörtlichen Übersetzungen und Wortkommentare folgender Ausgaben zu empfehlen: Ernst Schwarz: Laudse. Daudedsching. Leipzig 1973; Jan Ulenbrook: Das Buch vom rechten Weg und von der rechten Gesinnung. Frankfurt/Main 1980; Arthur Waley: The Way and ist Power. A Study of the TAO-TE-KING and ist Place in Chinese Thought. New York 1958; Richard Wilhelm: TAO-TE-KING. Das Buch vom Sinn und Leben. Köln 1978.) Dschuangdse zitiere ich nach dem Auswahlband von Martin Buber: Gleichnisse des Tschuang-Tse. Frankfurt/Main 1979. (Abgekürzt: B) Stellen die nicht bei Buber enthalten sind, werden nach der Ausgabe von Richard Wilhelm zitiert: Dschuand Dsi: Das wahre Buch vom südlichen Blütenland. Köln 1986. (Abgekürzt: W)

3. Vergl. die Einleitung von Günther Debon zu seiner TAO-TE-KING-Ausgabe: Das heilige Buch vom Weg und der Tugend. Stuttgard 1961. S. 21
4. Ernst Bloch: Das Prinzip Hoffnung. Frankfurt/Main 1970. Bd 2, S. 1446
5. Vergl. Arthur Waley: The Way and ist Power a.a.O. S. 31
6. Jean Gebser: Über die Polarität. In: Verfall und Teilhebe. Salzburg 1974. S. 36
7. Wie weit die YIN-YANG-Konzeption in alle Bereiche der chinesischen Kultur hineinreicht, kann etwa ersehen werden aus der reich illustrierten Arbeit von Philip Rawson und Laszlo Legeza: TAO. The Chinese Philosophy of Time and Change. London 1973.
8. Robert Musil: Der Mann ohne Eigenschaften. Hamburg 1952. S. 1645
9. Vergl. Edgar Snow: Red Star over China. New York 1968. S. 214ff.
10. Vergl. Arthur Waley: Lebensweisheit im alten China. Frankfurt/Main 1979. S. 80
11. Richard Wilhelm: TAO-TE-KING a.a.O. S. 166
12. Erweiterte Fassung eines Vortrages, erstmals gehalten bei der Tagung des Frankfurter Rings „Weg zur Einheit" auf Burg Rothenfels, Sommer 1985. Als Kasette im Avida Verlag, Frankfurt/Main 1985.
13. Vergl. Wilhelm Gundert (Hrsg.): BI-YÄN-LU. Die Niederschrift von der Smaragdenen Felswand. München 1960, S. 61
14. BI-YÄN-LU a.a.O. S. 90f.
15. Erstmals erschienen in der Zeitschrift „Yoga Wege heute", I/1985.
16. Vergl. Meister Eckhart: Im Ewigen Jetzt. Meditationstexte hrsg. v. Theodor Scheufele. Reutlingen 1989. S. 70
17. Vergl. Martin Heidegger: Die Frage nach der Technik. In: Vorträge und Aufsätze. Pfullingen 1985. S. 9ff.
18. Thomas Mann: Versuch über Schiller. In: Über deutsche Literatur. Leipzig 1968. S. 200f.
19. Martin Heidegger a.a.O.

Zweiter Teil

Motto: Friedrich Nietzsche: Vom Nutzen und Nachteil der Historie für das Leben. In: Unzeitgemäße Betrachtungen. Frankfurt/Main 1981. S. 183

1. Vergl. Heraklit: Vom Logos. Texte zum Mitdenken. Ausgewählt und neu gefaßt von Theodor Scheufele. Reutlingen 1984; weitere Heraklit-Zitate und die Zählung der Fragmente folgen der Ausgabe von Hermann Diels: Die Fragmente der Vorsokratiker. Hamburg 1957.
2. Vergl. Wilhelm Capelle: Die Vorsokratiker. Stuttgard 1968. S. 82
3. Rainer Maria Rilke. Gesammelte Gedichte. Frankfurt/Main 1962. S. 441
4. Vergl. Jean Gebser: Ursprung und Gegenwart. München 1973. 1. Teil, S. 118ff.
5. Johann Wolfgang Goethe: Gedichte. Stuttgard 1959. S. 541
6. Vergl. Wolgang Schadewaldt: Die Anfänge der Philosophie bei den Griechen. Die Vorsokratiker und ihre Voraussetzungen. Frankfurt/Main 1978. S. 370
7. Martin Heidegger: LOGOS. In: Vorträge und Aufsätze a.a.O. S. 205
8. A.a.O. S. 188
9. Wolfgang Schadewaldt a.a.O. S. 188
10. Vergl. Joachim-Ernst Berendt: Nada Brahma. Die Welt ist Klang. Hamburg 1985. S. 67f.
11. Vergl. Jakob Böhme: Aurora oder die Morgenröte im Aufgang. Ausgewählte Texte von Gerhard Bartsch. Leipzig 1974. S. 24
12. Platon: Protagoras, 23. Kapitel. In: Sämtliche Werke. Hamburg 1959. Bd. 1, S. 75

Dritter Teil

Motto: Gottfried Benn: Verlorenes Ich. In: Gedichte. Frankfurt/Main 1982. S. 309

1. Vergl. dazu v.a. die Untersuchungen von Alois Haas, referiert in: Wolfgang Böhme (Hrsg.): Meister Eckhart heute. Herrenalber Texte, 1980.
2. Zitiert nach Franz Pfeiffer (Hrsg.): Deutsche Mystiker des 14. Jahrhunderterts. Aalen 1962. Bd. 2, S. 104
3. Einen Versuch in dieser Richtung unternahm ich mit der Textsammlung: Meister Eckhart: Im Ewigen Jetzt a.a.O.
4. Die Seitenangaben beziehen sich auf die neuhochdeutsche Übersetzung der Predigt in: Meister Eckhart: Deutsche Predigten und Traktate. Hrsg. und übersetzt von Josef Quint. München 1978.
5. Vergl. etwa Dietmar Mieth: Christus und das Soziale im Menschen. Düsseldorf 1972.

6. Erstmals als Vortrag bei den Bernstein-Seminaren, Sommer 1987.
7. Wolfram von Eschenbachs „Parzival" wird zitiert nach der Ausgabe von Albert Leitzmann. (Altdeutsche Textbibliothek 12 – 14, 6. Auflage) Tübingen 1953ff. Die Übersetzung der Zitate stammt von mir.
8. Josef Quint (Hrsg.): Meister Eckhart a.a.O. S.4 22
9. Wolfram von Eschenbach: Parzival. In Prosa übertragen von Wilhelm Stapel. München, Wien 1980. S. 122